Sabine Hönig / Ursula Kutschera

Aromaküche

Gaumenfreuden mit ätherischen Ölen

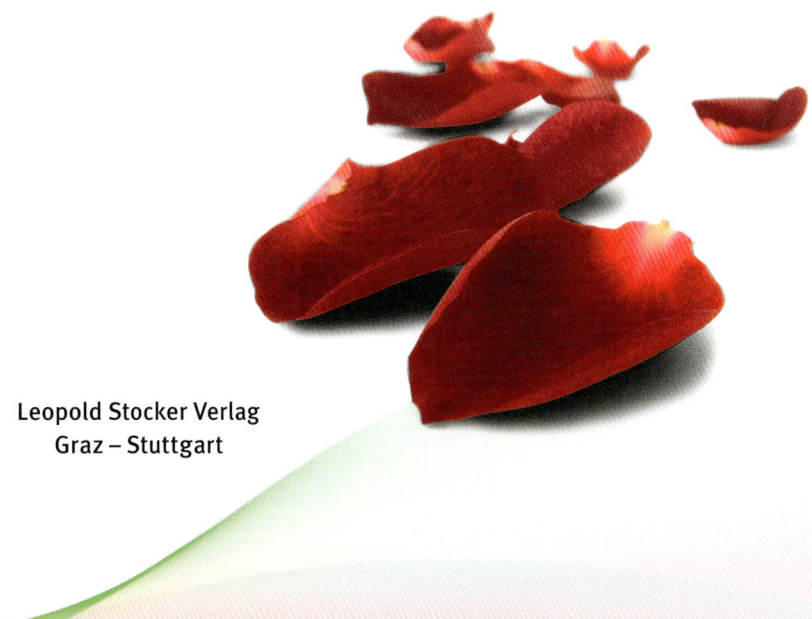

Leopold Stocker Verlag
Graz – Stuttgart

Impressum

Umschlaggestaltung: DSR Werbeagentur Rypka GmbH, 8143 Dobl/Graz, www.rypka.at
Titelbild: BILDHAUER, Graz

Fotos: Archiv Leopold Stocker Verlag (S. 31, 34, 36, 48, 51, 54, 60, 62, 64, 66, 68, 70, 72, 76, 78–80, 82, 86, 88, 90, 92, 100, 108, 116, 120, 124, 126, 128, 130, 134)
Markus Bäuchle, Glengarriff (S. 5)
Feeling Ges.m.b.H., Fotos: © www.feeling.at (S. 8, 9, 11–13, 15, 16, 29)
Fotoatelier Moser, Graz (S. 7, 160)
Foto Fischer, Graz (S. 7, 160)
Sabine Hönig, Graz (S. 10)
Georg Innerhofer (S. 143)
Mona Lorenz, Gmunden (S. 140, 141)
Stock.xchng, www.sxc.hu (Besteck S. 46, 144, 146, 148)

Alle übrigen Fotos (Rezeptfotos und Illustrationsfotos): Andrea Jungwirth, Wien

Der Inhalt dieses Buches wurde von den Autorinnen und dem Verlag nach
bestem Gewissen geprüft, eine Garantie kann jedoch nicht übernommen werden.
Die juristische Haftung ist ausgeschlossen.

Bibliographische Information der Deutschen Nationalbibliothek
Die Deutsche Nationalbibliothek verzeichnet diese Publikation in der
Deutschen Nationalbibliographie; detaillierte bibliographische Daten sind
im Internet über http://dnb.d-nb.de abrufbar.

Auf Wunsch senden wir Ihnen gerne kostenlos unser Verlagsverzeichnis zu:
Leopold Stocker Verlag GmbH | Hofgasse 5 / Postfach 438 | A-8011 Graz
Tel. +43 (0)316/821636 | Fax. +43 (0)316/835612
E-Mail: stocker-verlag@stocker-verlag.com | www.stocker-verlag.com

Hinweis: Dieses Buch wurde auf chlorfrei gebleichtem Papier gedruckt.
Die zum Schutz vor Verschmutzung verwendete Einschweißfolie ist aus Polyethylen chlor-
und schwefelfrei hergestellt. Diese umweltfreundliche Folie verhält sich grundwasserneutral,
ist voll recyclingfähig und verbrennt in Müllverbrennungsanlagen völlig ungiftig.

ISBN 978-3-7020-1343-1

Alle Rechte der Verbreitung, auch durch Film, Funk und Fernsehen, fotomechanische
Wiedergabe, Tonträger jeder Art, auszugsweisen Nachdruck oder Einspeicherung und
Rückgewinnung in Datenverarbeitungsanlagen aller Art, sind vorbehalten.

© Copyright: Leopold Stocker Verlag, Graz 2012, 2. Auflage 2017
Printed in Austria
Layout und Repro: DSR Werbeagentur Rypka GmbH, 8143 Dobl/Graz
Druck: Finidr, s.r.o., Ceský Těšín

Inhalt

Geleitwort 5
Vorwort 7
Danksagung 8

Theoretisches zu den ätherischen Ölen 9
Das Wesen ätherischer Öle 9
Die Gewinnung ätherischer Öle 10
Qualitätskriterien beim Einkauf 12
Anwendung & Wirkung außerhalb der Aromaküche 14
    Anwendungen über die Nase (Geruchssinn) 14
    Anwendungen über die Haut 16
Richtlinien zur sicheren Anwendung 17

Kochen mit ätherischen Ölen 19
Der Punkt auf dem I – ätherische Öle in der Küche 20
Grundlagen in der Anwendung 21
Beliebte ätherische Öle / Vorsichtsgebote in der Aromaküche 22
Hydrolate in der Aromaküche 29

Anlegen aromatischer Vorräte 30
Würzöle 31
    Kräuterwürzöl mit gerösteten Haselnüssen 31
    Provence-Würzöl 31
    Silizia-Würzöl 31
    Würzöl-Mischung 31
    Zitrus-Basilikum-Öl 32
    Zitronenwürzöl 32
Würzessig 32
    Muskateller-Salbei-Essig 32
    Rosenessig 33
Aromatisierte Butter 33
    Kräuterbutter 33
    Orient-Butter 34
    Rosenbutter 34
Würzsalze 34

Blutorangen-Lemongrass-Salz 34
Ingwersalz 35
Lavendelsalz 35
Pfeffer-Orangen-Salz 35
Rosensalz 35
Süßes Salz 36
Schoko-Chili-Salz 36
Zitronensalz 36
Würzsirup 36
    Asia-Würzsirup 36
    Rosensirup 36
    Monardesirup mit Ingweröl 37
Würzhonig 37
    Orange-Bergamotte-Vanille-Honig 37
Aromatisierter Zucker 37
    Fruchtschalenzucker 37
    Vanillezucker 38
    Rosenzucker 38
    Orangenzucker 38
Hilfreiche Tricks für Aromaköche 39
    Aromatisierte Gefäße und Küchengeräte 39
    Bepinseln und Bestreichen 39
    Dreierlei Kerne mit Aroma-Würzsalz 39
    Aromatisierter Eiweißguss für Gebäck 39

Hinweise für die Verwendung dieses Kochbuchs 40
Der Aufbau des Kochbuchs 40
Saisonale, regionale Zutaten 40
Hochwertige Pflanzenöle 41
    Kaltgepresste Öle 41
    Raffinierte Öle 41
    Lieber vermeiden 42
    Auf beste Qualität achten 42
Zucker 44
Zeitangaben und Schwierigkeitsgrad 45

Rezeptteil 46
Begriffserklärung deutsch – österreichisch 46

Kalte Vorspeisen 47
Salate 48
    Avocadosalat mit Shrimps und Limettenöl-Dressing 48
    Carpaccio von Tomaten und Avocados 50
    Couscous-Salat 50
    Blattsalat mit Orangen-vinaigrette 51
    Mozzarellaspieße mit Rohschinken 52
    Rucolasalat mit Zitronen-vinaigrette 52
Häppchen, Aufstriche & Co 54
    Asia-Topfen-Aufstrich 54
    Scharfer Linsenaufstrich 56
    Lavendel-Frischkäse 56
    Hummus 58
    Schafkäse Provençale 58
    Ei-Thai-Aufstrich 58
    Gemüsespieße mit Rosen-dressing 60

Warme Vorspeisen und Suppen 61
Warme Häppchen 62
    Pilz-Frühlingsrolle 62
    Strudelteigkörbchen mit Pilzfülle 62
    Orangierte Datteln im Speckmantel 64
    Spaghetti mit Shrimps-Sauce 65
    Nudeln mit Zucchini-Rahmsauce 65
    Indische Fleischbällchen mit aromatisierter Sauce 66
    Zucchinilaibchen (vegetarisch) 68
Suppen 70
    Karottensuppe mit Limettenöl und Räucherforelle 70

Inhalt

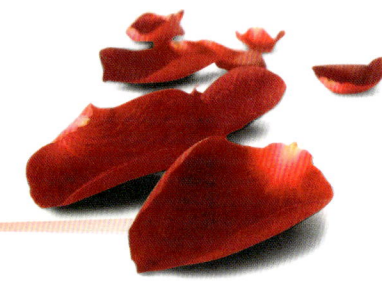

Kürbis-Apfel-Suppe	72
Kürbiskraftsüppchen	74
Kalte Gurkensuppe mit Koriandersamenöl	75
Rieslingschaumsuppe mit Zimtöl	75
Indische Tomatensuppe	76
Tomaten-Fenchel-Suppe	78
Blumenkohlsuppe mit Kokosmilch und Ingweröl	79
Mango-Süppchen mit Lemongrass- und Zimtöl	80
Zucchinicremesuppe mit Lemongrassöl und Scampispießen	82

Hauptgerichte 83

Fleisch 84
- Schweinefilet „Aristo" mit Polenta-Kaffee-Soufflé 84
- Gebratenes Hirschfilet mit Rotkohl 86
- Rindermedaillons mit Orangen-Pfeffer-Sauce 87

Huhn 87
- Hühnerkeulen mediterran 87
- Hühnerkeulen asiatisch mit Coscous-Salat 88
- Hähnchen aus der Tajine mit eingelegten Zitronen und Artischockenherzen 90
- Hühnersatays mit Karottenreis Oriental 92

Fisch 94
- Lachs „Citronnier" mit sommerlichem Gemüse 94
- Jakobsmuscheln mit Gemüsestreifen 96
- Lachsforellen-Confit 97
- Zitronen-Knoblauch-Saibling 97
- Gefüllte Saiblingsroulade mit Paprikasauce 98
- Welsfilet in Prosecco-Dill-Sauce 100

- Asia-Garnelen aus dem Wok 102
- Garnelen in Curry-Lemongrass-Kokosmilch 104

Diverse Hauptspeisen
- Rosennudeln mit Rosen-Minze-Pesto 105
- Wirsingrouladen (vegan) 106
- Kürbisgnocchi (vegan) 108
- Hühnerfleisch süß-sauer mit Gemüse 110

Beilagen 111
- Glacierte Kastanien 112
- Lauch-Apfel-Creme 112
- Karottenreis Oriental 114
- Rotkohl mit Orangen-Aroma 114
- Ofenkartoffel mit Aroma-Sahne 116
- Polenta-Kaffee-Soufflé 118
- Warmes Kräuterbaguette 118
- Sommerliches Gemüse mit Vanille und Knoblauch 120
- Rotkohl mit Rotwein und Glühweingewürz 120
- Babykartoffeln mit Minzebutter 122

Desserts 123
- Apfel-Rabarber-Kuchen mit aromatisiertem Eischnee 124
- Glühweinbirnen auf Zimteis 126
- Früchtespieße mit Orangensauce 127
- Bananeneis mit Thymian und gebratenen Bananen 127
- Gewürzauflauf 128
- Rosensorbet mit Ylang-Ylang-Waffeln 130
- Obstsalat mit Sanddornöl 132
- Tiramisu mit Kardomomkaffee 132

- Schokoladenmousse auf Himbeersauce 134
- Vanille-Lavendel-Eis auf kalter Beerensuppe 136
- Rosen-Joghurt-Eis 136
- Panna Cotta mit Tonkabohne-Vanille-Aroma 138
- Vanilleeis mit Bergamotte-Aroma auf Erdbeermark 138

Getränke 139
- Apfelpunsch 140
- Aromatisierter Tee 140
- Glühwein 140
- Fliedersirup 142
- Lavendelsirup 142
- Rosensirup 142

Das passende Menü für fast jeden Anlass 144

Tipps und Tricks 144
Menübeispiele für verschiedene Anlässe 145
- Sommerlich leichtes Menü 145
- Menü für einen romantischen Abend zu zweit 146
- Partybüffet 147
- Menü für wichtige Gäste 147
- Zauberhaftes Weihnachtsmenü 148
- Veganes Menü 149
- Vegetarisches Menü 149

Anhang 150

Alphabetisches Rezeptverzeichnis 150
Literaturhinweise 151
Nützliche Adressen und Links 152
Gesetze und rechtliche Grundlagen 152
Die Autorinnen 153

Geleitwort
von Eliane Zimmermann

Ich bin ein Glückspilz, mir werden immer wieder Herzenswünsche erfüllt. Doch mein Wunsch nach einem Kochbuch mit schnell umsetzbaren köstlichen Rezepten, gezaubert mit gesunden ätherischen Ölen, blieb lange Zeit unerfüllt. In vielen Kursen und Vorträgen forderte ich immer wieder Teilnehmerinnen und Teilnehmer dazu auf, bewährte Anleitungen für schmackhafte Gerichte zusammenzustellen. Kleinere Heftchen und unsortierte Ordner entstanden. Ich fing sogar selbst mehrfach an, eine Aromaküche-Sammlung mit appetitlichen Fotos anzulegen (denn Kochen ohne ätherische Öle ist für mich wie Kochen ohne Salz). Nichts von all den Vorhaben jedoch hat den Weg in die Küchen von Fans der abwechslungsreichen gesunden Ernährung angetreten. Bis jetzt.

Erst seit Mitte der achtziger Jahre des vergangenen Jahrhunderts werden ätherische Öle auch zum Kochen verwendet. Es passierte, als ein Ehepaar in München etwas gegen die Folgen der Katastrophe in Tschernobyl tun musste: In ihrem vegetarischen Restaurant konnten Maria und Thomas Kettenring ihre Speisen nicht mehr mit frischen Würzkräutern zubereiten, die radioaktive Belastung vieler Zutaten war zu hoch.

Gleichzeitig suchten die beiden leidenschaftlichen Koch- und Ernährungsprofis Alternativen zur immer penetranter werdenden synthetischen Aromatisierung von Lebensmitteln. Nicht umsonst hatten sie sich bereits bei einer der ersten deutschen Ätherisch-Öl-Firmen engagiert. Es wurde festgestellt, dass auf dem Markt befindliche ätherische Öle von Kräutern etc. nicht von Radioaktivität betroffen waren. Was lag näher, als damit zu kochen?!

Da es sich bei natürlichen ätherischen Ölen um hochkonzentrierte Kräuter- und Gewürzauszüge handelt, musste allerdings viel experimentiert werden, um herauszufinden, wie man den damit gewürzten Speisen raffinierten Geschmack und gesundheitlichen Wert gleichermaßen verleiht. Denn einfach einen Tropfen Zimt,- Basilikum- oder Ingweröl ins Essen zu geben – so einfach war es nicht! Viele Speisen würden überwürzt schmecken oder gar ungenießbar werden. Versuch und Irrtum erbrachten viele wundervolle Rezepte. Das erste deutschsprachige Aroma-Kochbuch entstand und erschien in mehreren erweiterten Auflagen, auch bekannte Köche widmen sich inzwischen dieser „aromatischen Kunst". Doch während die industriell parfümierte Nahrung nach wie vor auf dem Vormarsch ist und von gesetzlicher Seite nicht sonderlich in die Schranken gewiesen wird, sehen sich Anwender und Hersteller von natürlichen ätherischen Ölen mit immer mehr Regulierungen und Einschränkungen konfrontiert.

Dabei ist das Würzen mit Pflanzen, die reich an Naturaromen sind, sicherlich so alt wie die Menschheit. Zu Zeiten, als menschenartige Geschöpfe noch auf allen Vieren gingen, wiesen flüchtige, fein duftende Moleküle den Weg zur gesunden und bekömmlichen Nahrung. Auch alle Kreaturen mit aufrechtem Gang wissen intuitiv durch den Gebrauch der Nase, wann ein Lebensmittel verdorben ist. Doch nach und nach ersetzen nicht nur maskierende Geruchstoffe, sondern auch bunte Verpackungen und penetrante Werbung die Arbeit dieser wertvollen „Antenne" mitten im Gesicht. Der Homo sapiens ist inzwischen dabei, die Fähigkeit zu verlernen, Gesundes von Verdorbenem zu unterscheiden. Wertlose Füll- und Quellstoffe, Allergien auslösende Geliermassen, hyperaktivierende hormonartige Gebilde, Alzheimer fördernde Süßpulver und aquarellkastenbunte Farbsubstanzen führen zum Verlernen und gar zum Verdummen von Riech- und Geschmacksrezeptoren.

Vielleicht trägt diese olfaktorische Faulheit sogar zur Entstehung von Demenzen bei, denn in einem sehr frühen Krankheitsstadium verkümmert das winzige Organ im Gehirn, das gleichermaßen Erinnerungsvermögen und Geruchssinn verarbeitet, der Hippocampus. Möglicherweise werden auch Tumorerkrankungen durch einen Mangel an diesen flüchtigen Locksubstanzen, mit denen Pflanzen Bestäubungsinsekten und Verbündete zur Abwehr von Fraßfeinden „rufen", begünstigt. Zahlreiche wissenschaftliche Arbeiten konnten in den letzten Jahren belegen, dass viele Inhaltsstoffe von ätherischen Ölen vor bösartigen Tumoren schützen können. Auch bereits vorhandenes Krebsgeschehen konnte – zumindest in Tierversuchen – eingedämmt werden, die Bildung von Blutgefäßen, welche die wuchernden Zellen ernähren, konnte durch manche ätherische Öle unterbunden werden.

Es ist also wieder höchste Zeit für ein Rezeptbuch, in dem aufgezeigt wird, wie einfach es sein kann, sich gesund und schmackhaft zu ernähren. Keine mühsame Haute Cuisine, sondern alltagstaugliche Leckereien, die im Handumdrehen gezaubert werden können. Vom Salatdressing bis zum peppigen Getränk gibt es im Reich der Aromaköchinnen und -köche nichts, was nicht durch natürliche ätherische Öle aufgewertet werden könnte, zur Förderung der Gesundheit und zur Freude des wählerischen Gaumens. Ich wünsche mir für dieses Buch nun eine rege Verbreitung!

Glengarriff, im Dezember 2011
Eliane Zimmermann
http://blog.aromapraxis.de

Vorwort

Kochen war schon immer unsere Leidenschaft. Als wir vor Jahren begonnen haben, uns mit der faszinierenden Welt der ätherischen Öle zu beschäftigen, war es eine logische Folge, diese wunderbaren Essenzen auch in unseren Küchen zu verwenden. Kochen ist für uns eine sehr kreative Tätigkeit. Die Einbindung der ätherischen Öle lässt uns viel Raum, Neues auszuprobieren und mit exklusiven „Düften" in der Küche zu experimentieren.

Das Aromatisieren der Speisen mit ätherischen Ölen kommt für uns eher einem „Parfümieren" denn einem „Würzen" gleich, erfolgt doch das Geschmackserlebnis mehr über die Nase als über den Gaumen. Das liegt daran, dass die menschliche Zunge und der Gaumen nur fünf Geschmacksrichtungen kennen. Unsere Nase vervollständigt dieses begrenzte Geschmackserlebnis eigentlich erst. Denn vieles, was wir zu schmecken glauben, wird uns über unseren Geruchssinn vermittelt. Dadurch, dass Nase und Rachenraum miteinander verbunden sind, ergänzen sich Geschmack und Geruchssinn beim Esserlebnis. Und jeder, der schon einen Schnupfen hatte, weiß: Ohne Duftwahrnehmung schmeckt das Essen nicht.

Die Idee, ein Kochbuch zu machen, hatte zuerst jede von uns alleine. Beide haben wir unabhängig voneinander begonnen, die ätherischen Öle in unsere Rezepte einzubauen. Beide mussten wir feststellen, dass es auf dem Büchermarkt zu diesem Thema nicht viel gibt. Anleitungen für die Dosierung der ätherischen Öle oder Rezepte mit ätherischen Ölen – ein Wunschtraum! Also dachte jede von uns: Ich schreibe ein Kochbuch. Zum Glück sind wir uns begegnet, bevor wir zwei Bücher mit demselben Thema auf den Markt gebracht haben.

Wir haben unsere Inspirationen, Netzwerke und Ideen vereint und beschlossen, das Kochbuch gemeinsam zu schreiben. Es war die richtige Entscheidung – wir hatten viel Spaß bei der „Arbeit", jede konnte ihre Erfahrungen einbringen, und wir haben uns gegenseitig motiviert, wenn der Weg zum fertigen Buch schier endlos erschien.

Wir sind übrigens keine gelernten Köchinnen, sondern neben unserer selbstständigen Tätigkeit ganz normale Hausfrauen mit einem Faible für gutes Essen. Was uns vielleicht ein wenig „altmodisch" macht: Wir kochen tatsächlich jeden Tag selbst, mit frischen Zutaten, möglichst wenig Instant- und Fertigprodukten und dem Ansinnen, uns und unsere Lieben abwechslungsreich und gesund zu ernähren.

Die Rezepte in diesem Kochbuch sind keine Spitzfindigkeiten der Haute Cuisine, die nur Küchenprofis zaubern können. Wir wollten zeigen, dass jeder ganz alltägliche Gerichte, die recht einfach zu kochen sind, mit ein wenig „ätherischer Unterstützung" durchaus „haubenreif" verfeinern kann.

Wir wünschen Ihnen viel Freude beim Nachkochen! Und lassen Sie sich ruhig dazu verleiten, auch selbst zu experimentieren ….

Sabine Hönig
Ursula Kutschera

Danksagung

Dass Sie dieses Kochbuch nun in Händen halten, verdanken wir und Sie nicht nur unserer Leidenschaft für das Kochen und unserer Hartnäckigkeit bei der Umsetzung unseres gemeinsamen Projektes. Dieses Buch wurde vor allem möglich, weil viele treue Freunde und Vertraute an uns als Autorinnen geglaubt haben und uns mit ihrem Wissen und ihren ganz besonderen Fähigkeiten unterstützt haben.

Bedanken möchten wir uns daher ganz besonders bei unseren Ehemännern, die sich als mutige und kritische Verkoster unserer Gerichte zur Verfügung gestellt haben und Verständnis dafür hatten, dass wir lange Zeit nur zwei Themen im Kopf hatten: ätherische Öle und Kochen!

Weiters bedanken wir uns von ganzem Herzen bei jenen, die uns ihr Fachwissen zur Verfügung stellten und uns in Fragen rund um das Schreiben, Verlagswesen, Marketing sowie bezüglich fachlicher Informationen zu Lebensmitteln und zum Thema Kochen hilfreich zur Seite standen. Unser besonderer Dank gilt auch jenen Freunden und Bekannten, die sich als Probeköche zur Verfügung gestellt haben. Durch ihre Rückmeldungen konnten wir sicher sein, dass sowohl geübte als auch ungeübte Köche unsere Gerichte ohne Schwierigkeiten auf den Tisch zaubern können.

Unser Dank gilt natürlich auch den Sponsoren, die an den Erfolg dieses Kochbuchs geglaubt haben und uns unterstützt haben.

> *„Ein Tag ohne Dufterlebnisse ist ein verlorener Tag!"*
> Altägyptisches Sprichwort

Theoretisches
zu den ätherischen Ölen

Das Wesen ätherischer Öle

Im Verlauf der vier Jahreszeiten entwickelt jede Pflanze ihre Lebenskraft. Dabei folgt sie harmonisch den sich wandelnden Temperaturen und lässt Wurzeln, Blätter, Blüten und Früchte reifen. Je nach Pflanzenart entwickelt sie dabei in ihrem sekundären Pflanzenstoffwechsel auch Duftstoffe – ätherische Öle – die ihr als
- Kommunikationsmittel,
- Hausapotheke,
- zum Vertreiben von Schädlingen oder
- zum Anlocken bestäubender Insekten dienen.

Je nach klimatischen Verhältnissen, Standort und Bodenbeschaffenheit bildet die Pflanze einer Gattung unterschiedliche **Chemotypen** aus (z. B. Thymian ct. Linalool, ct. thymol u. a.). Diese Chemotypen unterscheiden sich sowohl in der Wirkung als auch im Duft und Geschmack.

Nicht mit den ätherischen Ölen zu verwechseln sind Pflanzenöle an sich. Pflanzenöle haben eine begrenzte Haltbarkeit, da sie in Verbindung mit Sauerstoff ranzig werden können. Verwendung finden Pflanzenöle unter anderem als Trägeröle bei der Herstellung von Massage- und Körperölen, als pflegende Substanzen bei Kosmetikerzeugung und zur Herstellung von Würzvorräten in der Aromaküche.

Die ätherischen Öle kommen als winzige Tröpfchen in verschiedenen Teilen des Pflanzengewebes vor:
- in den Blüten (z. B. Jasmin, Rose, Kamille, Mimose)
- in den Blättern (z. B. Salbei, Rosmarin, Melisse)
- in den Wurzeln (z. B. Vetiver)
- in den Früchten (z. B. Koriander, Kümmel)
- im Holz (z. B. Zedernholz, Sandelholz, Rosenholz)
- in der Rinde (z. B. Zimtrinde)
- im Harz (z. B. Weihrauch, Benzoe, Myrrhe)
- in den Fruchtschalen (z. B. alle Zitrusfrüchte).

Manche Pflanzen produzieren ätherische Öle gleich in mehreren Pflanzenteilen. So der Orangenbaum, aus dem sich drei Essenzen herstellen lassen:
- Orangenschalenöl
- Orangenblätteröl (Petitgrain)
- Orangenblütenöl (Neroli).

Je nach Pflanzenart oder Pflanzenteil, aus dem die ätherischen Öle gewonnen werden, können diese in Farbe und Konsistenz sehr unterschiedlich sein. Zitrusöle z. B. weisen oft eine ähnliche Färbung auf wie die Schale, aus der das ätherische Öl gewonnen wurde – also orange bis zart gelb. Ätherische Öle, die aus Harzen oder Wurzeln gewonnen wurden, haben manchmal eine sehr zähe Konsistenz und müssen mit einer kleinen Spachtel aus dem Fläschchen genommen werden (z. B. Vetiver oder Benzoe).

Die Gewinnung ätherischer Öle

Die Duftstoffe gewinnt man über verschiedene Verfahren aus der Pflanze. Sie enthalten nicht nur das Wesen der Pflanze, sondern auch biochemische Inhaltsstoffe, die sowohl in der Phytotherapie als auch in der Aromatherapie Anwendung finden. Viele dieser Pflanzenstoffe waren auch ausschlaggebend für die Entwicklung pharmazeutischer Medikamente der heutigen Schulmedizin.

Der Aufwand und die benötigte Pflanzenmenge sind für jedes Öl unterschiedlich. Für ein Kilogramm ätherisches Sandelholzöl braucht man beispielsweise bei 400 kg Ausgangsmaterial etwa 80 bis 100 Stunden. Um ein Kilogramm Rosenöl zu destillieren, braucht man bis zu 5 Tonnen Rosenblüten! Für ein Kilogramm Zitronenöl hingegen reichen 200 kg Fruchtschalen. Das erklärt auch, warum manche ätherische Öle sehr kostbar und teuer sind. Sie sind eben „Gold aus der Natur"!

Wasserdampfdestillation

Die Wasserdampfdestillation ist die gebräuchlichste Form der Gewinnung ätherischer Öle und wird bei den meisten Pflanzen angewandt. Sie funktioniert ähnlich wie das Schnapsbrennen. Allerdings muss hier darauf geachtet werden, dass Temperatur und Druck möglichst niedrig sind, damit die chemischen Verbindungen nicht aufgebrochen werden. Die Pflanzenteile werden auf einem Sieb über heißem Wasser positioniert. Dabei setzt der

heiße Wasserdampf die ätherischen Öle frei, und diese steigen mit dem Wasserdampf nach oben. Durch das nachfolgende Abkühlen schlagen sich die Öldämpfe im Kühler des Destillationsapparates nieder. Da ätherische Öle zumeist leichter als Wasser und nicht wasserlöslich sind, können diese anschließend von der Wasseroberfläche abgenommen werden. Das verbliebene Wasser wird als Hydrolat bezeichnet.

Druck-Extraktion

Für die Herstellung von Zitrusölen werden die Schalen der Früchte so lange gepresst, bis deren Ölkammern aufbrechen und das ätherische Öl freigeben. Das ätherische Öl wird mit Schwämmen aufgesaugt und dann wieder aus ihnen herausgepresst. Diese Form der Gewinnung ist heute nicht mehr so gebräuchlich, sondern wurde durch die im Folgenden beschriebene Expression ersetzt, die weniger aufwändig ist.

Expression

Für die schonende Auspressung von Schalen zur Gewinnung von ätherischen Ölen sind hier mehrere Arbeitsschritte notwendig. Zuerst werden die Schalen gewaschen und dann unter Beigabe von Wasser auf Schältrommeln geraspelt. Dabei entsteht eine Emulsion aus ätherischem Öl, Wasser und Feststoffen, aus der man durch weiteres Zentrifugieren und Filtern das reine ätherische Öl gewinnt.

Enfleurage

Hier werden tierische Fette zur Extraktion von Blüten verwendet, indem diese auf mit tierischem Fett bestrichene Platten gelegt werden. Das Fett entzieht den Blüten die ätherischen Öle. Anschließend werden die Platten mit Alkohol ausgewaschen. Zurück bleibt das reine Blütenöl (Absolue d'enfleurage). Wegen der sehr hohen Kosten ist diese Gewinnungsart jedoch kaum noch gebräuchlich.

Lösungsmittel-Extraktion

Für jene Pflanzen, die sich nicht destillieren lassen, werden für die Gewinnung der ätherischen Öle Lösungsmittel verwendet (Hexan, Alkohol), die das ätherische Öl aus der Pflanze herauslösen. Das Lösungsmittel wird in weiterer Folge unter Vakuum abdestilliert. Eine anschließende Filtration trennt das ätherische Öl vom Pflanzenmaterial und den ebenfalls entzogenen Wachsen.

CO_2-Extraktion

Mit dieser relativ neuen Gewinnungsart können auch Öle aus Pflanzen gewonnen werden, für die bisher keine bekannte Methode erfolgreich war (z. B. Kaffee, Hopfen). Dabei kommt hyperkritisches Kohlendioxid zur Anwendung, welches eine hohe Löslichkeit für unpolare Stoffe besitzt und so zur Extraktion von Naturstoffen wie ätherischen Ölen verwendet wird. Unter relativ hohem Druck und bei Temperaturen um

31 Grad Celsius oder tiefer werden die ätherischen Öle aus der Pflanze gelöst. Kohlendioxid als Lösungsmittel ergibt ein ätherisches Öl frei von jeder Kontamination durch ein Lösungsmittel, da das CO_2 bei Normaldruck vollständig verdampft. Die so gewonnenen ätherischen Öle duften fast genauso wie die Ursprungspflanze. Allerdings ist dies eine sehr teure Methode. Interessant ist auch, dass bei dieser Gewinnungsart in der Pflanze enthaltene Scharfstoffe in das ätherische Öl übergehen. Daher sind manche der mittels CO_2-Extraktion gewonnenen ätherischen Öle (z. B. Ingwer- oder Pfefferöl) sehr scharf und müssen äußerst vorsichtig dosiert werden.

Synthetischer Nachbau
Um billige Duftstoffe für die Industrie zu gewinnen, werden die Inhaltsstoffe für den synthetischen Nachbau meist aus Erdöl gewonnen. Die Identität (biochemische Eigenschaften und Duft) ist im Labor bis zu 80 % nachbaubar. Die Methode ist zwar billiger, allerdings fehlen 20 % der natürlichen Inhaltsstoffe, was den Gesamtcharakter des ätherischen Öls verändert. In der Aromapraxis werden diese Öle nicht verwendet, da die erwünschten biochemischen Wirkungsweisen stark verändert oder gar nicht vorhanden sind.

Qualitätskriterien beim Einkauf

Das Angebot von ätherischen Ölen ist mittlerweile nahezu unüberschaubar geworden. Es werden diverse Duftöle zu sehr günstigen Preisen angeboten. Diese Öle sind für die Aromaküche keinesfalls geeignet! Wir möchten Ihnen hier einen kurzen Leitfaden bieten, der es Ihnen ermöglichen soll, beim Kauf ätherischer Öle mit der richtigen Spürnase gute von schlechter Qualität zu unterscheiden. Achten Sie beim Kauf von ätherischen Ölen darauf, dass diese 100 % naturrein sind und vorzugsweise aus kontrolliert biologischem Anbau (kbA) kommen. Der Nachweis kontrolliert biologischen Anbaus ist besonders wichtig bei der Verwendung von Zitrusölen. Zitrusöle werden aus den Schalen von Zitrusfrüchten gewonnen. Auf der Schale befinden sich bei nicht kontrolliertem Anbau oft noch Reste von Pestiziden bzw. werden die Schalen von Zitrusfrüchten zur besseren Haltbarkeit oft mit Wachsen „nachbehandelt". Diese Stoffe gelangen dann mit dem ätherischen Öl in unseren Körper. Kaufen Sie ätherische Öle nur dort, wo Sie eine kompetente Beratung erhalten. Allerdings – Qualität hat eben ihren Preis. Die Qualität ätherischer Öle ist von der Pflanzenqualität und dem Vorgehen bei der Destillation abhängig.

Pflanzenqualität
Anbau ohne Pestizide, gesicherte Art der Pflanze, Ernte zur optimalen Reifezeit, bestätigter Chemotyp (siehe Seite 9).

Destillation
Genügend Zeit bei der Destillation, um alle Komponenten zu gewinnen. Destillation bei niedrigem Druck und ohne Auszugshilfsmittel.

Qualität des ätherischen Öls

Keine Denaturierung durch Moleküle synthetischer Stoffe, kein Entzug einzelner Anteile durch Nachdestillation, nicht von Terpenen befreit und nicht überoxidiert.

Qualitätsminderung entsteht bei
- Streckung mit
  - fetten Ölen
  - Alkohol (ohne Angabe des Mengenverhältnisses)
  - mit billigeren ätherischen Ölen
- Standardisierung (Entziehung von Inhaltsstoffen)
- falscher Deklaration
- Anreicherung mit Emulgatoren
- Synthetisierung

Folgende Mindestbeschriftung von Ölfläschchen gibt Ihnen eine gewisse Sicherheit, dass die gekauften ätherischen Öle eine gute Qualität haben:

1. 100 % naturreines ätherisches Öl
2. deutscher Pflanzenname
3. botanischer Pflanzenname eventuell ct. (Chemotyp)
4. verwendeter Pflanzenteil
5. Herstellungsart
6. Herkunftsland der Pflanze
7. Chargennummer
8. MHD = Mindesthaltbarkeitsdatum
9. je nach deklarierter Art der Anwendung entweder
- die Gefahrenkennzeichnung bei der Deklaration zur Verwendung als Raumduft und / oder für die Aromapflege
- die potenziell allergenen Stoffe und mindestens eine Empfehlung für eine kosmetische Anwendung bei der Deklaration als kosmetisches Mittel für die Aromapflege.

Abfüllung

Die Öle sollten unbedingt in lichtgeschützten Fläschchen abgefüllt sein. Grundsätzlich kann man sagen, je mehr Informationen zusätzlich zu den oben angeführten Hinweisen auf der Flasche sind (z. B. Anbauweise und Zusatzqualitäten wie Demeter, Bio etc.), umso sicherer ist man bei einer qualitativ guten Lieferfirma angelangt.

Im Übrigen bekommt man bei seriösen Lieferfirmen auf Anfrage die Zertifikate für kbA (kontrolliert biologischen Anbau), Qualitätszertifikate sowie Sicherheitsdatenblätter jederzeit übermittelt.

Preis

Aber auch der Preis ist ein Indiz für gute Qualität. Als Anhaltspunkte seien angeführt:
- 10 ml Lavendel fein (Lavandula angustifolia) etwa € 13,50
- 10 ml Orangenöl (Citrus sinensis) etwa € 4,00–5,00
- 1 ml Rosenöl bulgarisch etwa € 30,00
- 1 ml Melisse (Melissa officinalis) € 21,50

Bio oder kbA Qualitäten sind je nach Öl ungefähr € 2,00–5,00 teurer. Besonders gut sind natürlich Öle, die aus den Ursprungsländern bzw. typischen Anbaugebieten der Pflanzen kommen, z. B. Orangenöl aus Sizilien oder Lavendelöl aus Frankreich. Meist sind Öle aus diesen Anbaugebieten auch wieder etwas teurer, dafür aber oft im Duft feiner und haben manchmal auch noch mehr biochemische Inhaltsstoffe.

Verdünnung

Sehr teure und intensiv riechende ätherische Öle wie Rose, Melisse oder Neroli werden zur leichteren Dosierbarkeit oft verdünnt mit Jojobaöl angeboten. Das ist korrekt und stellt keine Qualitätsminderung dar, wenn dieser Umstand und der Verdünnungsgrad auf der Flasche angegeben sind. Jojobaöl wirkt zudem konservierend auf die ätherischen Öle. Allerdings sind mit Jojoba gestreckte Öle für die Aromaküche nicht geeignet. In diesem Fall sollten Sie auf pures Öl (wird auch als 1 ml-Einheit abgefüllt angeboten) zurückgreifen.

Anwendung und Wirkung außerhalb der Aromaküche

Ätherische Öle sind nicht nur eine wunderbare Ergänzung in der Aromaküche. Aufgrund ihres vielseitigen Wirkungsspektrums haben sie sich unter anderem auch in der Aromakosmetik, Massage, Raumbeduftung und Aromapflege bewährt.

Daher hier ein kleiner Exkurs in die Welt der ätherischen Öle und deren Anwendung außerhalb der Küche, um Ihnen zu zeigen, was Sie mit diesen duftenden Essenzen noch alles machen können.

Wirkung

Ätherische Öle wirken auf zwei Ebenen. Über den Geruchssinn nehmen sie direkten Einfluss auf unsere Emotionen und können z. B. zur Erzeugung positiver, konzentrationsfördernder, aufhellender oder entspannender Stimmungsbilder eingesetzt werden. Die enthaltenen biochemischen Stoffe der Pflanze sprechen die körperliche Ebene an.

Naturreine ätherische Öle setzen sich aus einer Vielzahl verschiedener biochemischer Inhaltsstoffe zusammen. Nicht nur jeder Inhaltsstoff für sich alleine, sondern das Zusammenwirken aller Stoffe macht die spezielle Wirkung aus. So können ätherische Öle u. a. desinfizierend, antiseptisch und antiviral, schmerzlindernd, entzündungshemmend, hautpflegend und stärkend auf das Immunsystem wirken.

Anwendung

Wichtig bei der Anwendung ist neben hervorragender Qualität (siehe Kapitel „Qualitätskriterien beim Einkauf") auch das Wissen um die Inhaltsstoffe, deren Wirkung und mögliche Vorsichtsgebote in der Anwendung (siehe dazu auch die Tabelle der beliebten ätherischen Öle in der Aromaküche, S. 22 ff.). Gerade wegen der hohen Konzentration sollten ätherische Öle sparsam dosiert und verantwortungsvoll eingesetzt werden. Bei kompetenter Anwendung in richtiger Dosierung ist die Aromatherapie jedoch für Menschen aller Altersstufen geeignet. Dabei versteht man unter Aromatherapie die kontrollierte Anwendung von 100 % naturreinen ätherischen Ölen, um das körperliche, geistige und seelische Wohlbefinden zu erhalten und zu fördern. Die Anwendung ätherischer Öle erfolgt dabei meist über den Geruchssinn, die Haut oder die Schleimhäute.

Anwendungen über die Nase (Geruchssinn)

Raumbeduftung

Die wohl bekannteste Anwendung ätherischer Öle ist die Raumbeduftung. Schon in frühen Hochkulturen wurden Räume durch Räuchern und Duftstoffe spirituell gereinigt. Mit dem 10. Jahrhundert, als die Kunst des Destillierens ätherischer Öle nach Europa gelangte, erlangten auch ätherische Öle Bedeutung in der Raumbeduftung. Als Geräte für die Raumbeduftung mit ätherischen Ölen werden Duftlampen, Aromastreamer oder Aroma-Diffuser eingesetzt. Bei Duftlampen mit einem Teelicht muss darauf geachtet werden, dass die Verdunstungsschale der Duftlampe nicht zu klein ist, da ansonsten das Wasser zu schnell verdunstet und das ätherische Öl verbrennt. Der Abstand zwischen der Kerze und der Verdunstungsschale sollte mindestens 10 cm betragen. Die Tropfenanzahl in der Duftlampe richtet sich nach der Größe der zu beduftenden Räume sowie nach der Duftintensität der ätherischen Öle. Bei einer Raumgröße von bis zu 30 m² werden 4–10 Tropfen des jeweiligen Öls benötigt. Spritzige, frische Düfte wie z. B. Zitrusdüfte verflüchtigen sich sehr schnell, blumige und erdige Düfte sind oft noch Stunden später wahrnehmbar. In Schlafräumen, Kinder- und Krankenzimmern sowie Altersheimen ist der Einsatz von Duftlampen mit offener Flamme nicht geeignet bzw. verboten. Hier ist die elektrische Variante bzw. der Aroma-Diffuser zu bevorzugen.

Die Raumbeduftung sollte aber nicht andauernd erfolgen, sondern in Duftintervallen eingesetzt werden. Eine etwa 20-minütige Beduftung mit 100 % naturreinen ätherischen Ölen mit einer mehrstündigen Pause bis zum nächsten Beduftungsintervall sowie mehrmaliges Lüften der Räume am Tag gewährleistet ein gesundes Raumklima. Längere Beduftungsintervalle machen in Räumlichkeiten, in denen man sich länger aufhält, keinen Sinn, da nach etwa 20 Minuten die Nase ihre Sinneswahrnehmung für diesen Duft „abschaltet", um wieder andere Düfte und mögliche Gefahren wahrnehmen zu können.

Ätherische Öle können unangenehme Gerüche neutralisieren und die Raumluft desinfizieren. Besonders geeignet zur Erfrischung der Raumluft sind Zitrusdüfte, aber auch die ätherischen Öle von Lemongrass, Litsea cubeba oder Nadelholzöle. Zur Desinfizierung der Raumluft in Schnupfen- oder Grippezeiten können Eukalyptusöle, Myrte, Ingwer und Zitrone beitragen. Da Düfte unzensuriert in das Limbische System – die emotionale Zentrale unseres Gehirns – gelangen, bilden sie eine Brücke zu unserem körperlichen und seelischen Wohlbefinden. Richtig eingesetzt können sie Räumen ein ganz besonderes Ambiente verleihen und gezielt Stimmungen erzeugen.

Frische Düfte wie Nadelhölzer, Minze, Zitrone, Grapefruit, Bergamotte, Litsea Cubeba, Lemongrass, Palmarosa, aber auch Lavendel lassen Räume größer erscheinen. Hingegen vermitteln Duftrichtungen wie Patchouli, Styrax, Eichenmoos, schwere Blütendüfte, Zimt, Nelke, Orange, Koriander, Vanille oder Benzoe Geborgenheit und Wärme. An heißen Sommertagen eignen sich ganz besonders ätherische Öle wie Zitrone, Minze, Eukalyptusarten und Nadelholzöle, um Räume und Gemüter ein wenig abzukühlen. Dabei erzielen Duftmischungen eine bessere Wirkung als einzelne Düfte. Wir raten allerdings davon ab, Räume gleichzeitig zu beduften, in denen mit ätherischen Ölen gekochte Speisen serviert werden, da der Geruchssinn damit überfordert wird.

Direktes Riechen oder Trockeninhalation

Vielleicht kennen Sie diese Form der Anwendung noch aus alten Filmen, in denen „feine Damen" bei Aufregung oder drohenden Ohnmachtsanfällen schnell ein „Riechfläschchen" zur Hand hatten. Bei dieser Anwendung können Sie direkt am Fläschchen riechen oder einen Tropfen des ätherischen Öls auf ein Taschentuch geben und sich dieses unter die Nase halten. So haben sich z. B. Orangenblütenöl (Neroli) oder echte Melisse (Melissa officinalis) speziell für die Trockeninhalation in stressigen Momenten, herausfordernden Situationen oder bei Prüfungsangst bewährt, da beide Öle ganz besonders beruhigend auf das Nervenkostüm wirken, ohne dabei zu ermüden.

Anwendungen über die Haut

Aromakosmetik
Viele ätherische Öle enthalten hautpflegende Inhaltsstoffe wie z. B. Rosenblütenöl, Neroli, aber auch Weihrauch, Lavendel, Ylang-Ylang oder Atlaszeder. Daher werden ätherische Öle nicht nur ihres guten Duftes wegen, sondern auch wegen ihrer pflegenden Eigenschaften für die Haut in der Kosmetik eingesetzt. Sehr einfach können mit hochwertigen, fetten Pflanzenölen in Kombination mit ätherischen Ölen wohlriechende und pflegende Körper- und Massageöle hergestellt werden. Aber auch Balsame, Lotions, Deos, Naturparfums und Salben können für den Hausgebrauch kreiert werden.

Naturparfum
Natürlich können Sie sich mit Ihren Lieblingsölen auch Ihr eigenes Naturparfum herstellen. Beachten Sie dabei die Grundregel 1–2–4 für das Mischen von Düften, das bedeutet: 1 Teil Basisnote (z. B. Sandelholz, Vetiver, Benzoe), 2 Teile Herznote (z. B. Blüten- oder Kräuteröle wie Rose, Neroli, Lavendel, Majoran, etc.) und 4 Teile Kopfnote (z. B. Zitrusöle wie Orange, Zitrone, Bergamotte, etc.). Das Mischen von Parfum braucht allerdings ein wenig Erfahrung und eine trainierte Nase, da Parfums aus ätherischen Ölen mit der „Reifung" ihren Duft verändern. Ein gut anhaltendes Parfum, welches langsam auf der Haut sein Bouquet entfaltet, beinhaltet meist bis zu 25 oder mehr ätherische Öle.

Einreibungen & Aromamassagen
Verdünnt mit hochwertigen, fetten Pflanzenölen lassen sich ätherische Öle sehr gut für Einreibungen sowie unterstützend bei verschiedenen Massagearten anwenden. Einige ätherische Öle können entspannend auf die Muskulatur und entkrampfend wirken wie z. B. Majoran, Mandarine oder Lavendel. Rosmarin hingegen regt den Kreislauf an und fördert die Durchblutung. Mit dem richtigen Fachwissen um Inhaltsstoffe und Wirkung der ätherischen Öle kann die Wirkung von Massagen dadurch noch verstärkt werden.

Aromabad
Ein Aromabad nach einem anstrengenden Tag kann wahre Wunder wirken. Dabei sollte die Wassertemperatur 38 Grad nicht übersteigen. Die ätherischen Öle, emulgiert mit Salz, Honig, Sahne oder Milch, in der Wanne verteilen. Ein Vollbad für einen Erwachsenen benötigt max. 10 Tropfen ätherischer Öle. Für Kinder genügen 5 Tropfen.

Für ein entspannendes Bad am Abend sollten Sie beruhigende Öle wie Lavendel, Mandarine, Orange, Neroli, Vanille oder Benzoe verwenden. Nach dem Bad können Sie sich in eine Decke hüllen und nachruhen oder gleich ins Bett gehen und mit dem beruhigenden Duftbouquet in der Nase in sanften und erholsamen Schlaf fallen.

Richtlinien zur sicheren Anwendung

- Ätherische Öle sind hoch konzentriert und sollten daher bis auf wenige Ausnahmen (z. B. Lavendelöl, Teebaumöl) nicht unverdünnt auf der Haut angewendet werden. Folgende Richtwerte für die Dosierung können wir Ihnen empfehlen:
  - Kinder (1–3 Jahre):
    1 Tr. ätherisches Öl auf 10 ml fettes Basisöl
  - Kinder (3–7 Jahre):
    2 Tr. ätherisches Öl auf 10 ml fettes Basisöl
  - Kinder (7–12 Jahre):
    3 Tr. ätherisches Öl auf 10 ml fettes Basisöl
  - Kinder (ab 12 Jahre):
    4 Tr. ätherisches Öl auf 10 ml fettes Basisöl
  - Erwachsene:
    6 Tr. ätherisches Öl auf 10 ml fettes Basisöl
    (entspr. einem Mischungsverhältnis von 3 %)
- Die oben angeführten Dosierungsmengen gelten jedoch nicht für CO_2-extrahierte ätherische Öle, da laut Herstellerauskunft diese Öle im Gegensatz zu Ölen aus anderen Gewinnungsarten zum Teil andere Inhaltsstoffe bzw. eine andere prozentuelle Verteilung der Inhaltsstoffe aufweisen. Hier wird laut Hersteller eine Dosierung für Erwachsene von maximal 1 % für die Anwendung auf der Haut empfohlen.
- Bewahren Sie die ätherischen Öle außerhalb der Reichweite von Kindern auf.
- Speziell ätherische Öle, die einen hohen Mentholgehalt oder Eukalyptolgehalt (z. B. Pfefferminze, Eukalyptus globulus) aufweisen, nicht bei Kindern unter 6 Jahren anwenden.
- Bei Kleinkindern keinesfalls Thymian, Eukalyptus globulus, Pfefferminze und Kampfer anwenden. Diese ätherischen Öle können ein reflektorisches Aussetzen der Atmung bewirken!
- Säuglinge unter 6 Monaten sollten nur in Ausnahmefällen mit ätherischen Ölen behandelt werden. Ausnahmen: Rosenöl mit Mandel- oder Sesam-Öl gestreckt, eine 1-%ige Mischung aus Sandelholzöl in Calendula-Öl bei Milchschorf, Lavendel- und Neroli-Öl bei unruhigen Babys. Für die Dosierung gilt „weniger ist mehr" also max. 0,5- bis 1-%ige Mischungen verwenden.
- Da Säuglinge in den ersten Lebensmonaten noch nicht selbstständig Schleim abhusten können, dürfen keine schleimlösenden ätherischen Öle (z. B. Eukalyptusöle, Thymian, Myrte, etc.) verabreicht werden – es besteht akute Erstickungsgefahr!
- Ätherische Öle nicht in die Augen oder Ohren geben, keine Kontaktlinsen berühren oder die Augen reiben, solange Öle auf den Fingern sind.
- Sollte ätherisches Öl in die Augen gelangen, die Augen sofort gründlich mit viel Wasser ausspülen – am besten unter fließendem Wasser. Bei weiteren Beschwerden unbedingt den Arzt aufsuchen (aus der Liste der S-Sätze der EU ; RL 67/548/EWG, Anhang IV; „Sicherheitsratschläge für gefährliche Stoffe und Zubereitungen").
- Bei Schwangerschaft sind folgende Öle nicht bzw. nur unter Absprache mit dem Arzt oder der Hebamme zu verwenden:

THEORETISCHES ZU DEN ÄHTERISCHEN ÖLEN

Basilikum, Bay, Bohnenkraut, Eisenkraut, Verbene, Estragon, Ingwer, Nelke, Kampfer, Majoran, Muskatnuss, Muskatellersalbei, Myrrhe, Thymian, Wacholder, Ysop, Zimt.

- Bei Krampfanfällen und hohem Blutdruck vor der Verwendung von ätherischen Ölen immer mit dem behandelnden Arzt sprechen. Öle wie Rosmarin, Thymian, Salbei, Ysop, Bohnenkraut, Lorbeer dürfen nicht verwendet werden.
- Bei Neigung zu allergischen Reaktionen immer zuerst einen Allergietest auf der Innenseite des Unterarms durchführen. Dazu tragen Sie eine geringe Menge des ätherischen Öls an der Innenseite des Unterarms auf, tritt nach 24 Stunden eine Reaktion auf, sollte das gewählte Öl nicht angewendet werden.
- Ätherische Öle nicht direkt ins Badewasser geben, immer vorher mit einem natürlichen Badegel, Honig, Milch, Salz oder reinem Pflanzenöl zum Emulgieren vermischen.
- Die Ölfläschchen immer fest verschlossen und lichtgeschützt an einem kühlen Ort aufbewahren.
- Ätherische Öle wie Zitrone, Bergamotte, Orange oder andere Zitrusöle können Hautreaktionen oder Pigmentierung (Photosensitivität) hervorrufen, wenn die Haut nach der Anwendung der Öle dem Sonnenlicht ausgesetzt wird.

> *Achtung:*
> *Verwenden Sie nur 100 % naturreine ätherische Öle höchster Qualität. Beachten Sie vor der Anwendung mögliche Kontraindikationen und Vorsichtsgebote (insbesondere bei Schwangerschaft, Asthma, Kindern, Säuglingen, alten und gebrechlichen Menschen, Epileptikern, Bluthochdruck etc.) Halten Sie die Dosierung ein. Keinesfalls höher dosieren. Weniger ist mehr!*
>
> *Die Anwendung ätherischer Öle kann zum körperlichen Wohlbefinden beitragen. Sie ersetzt jedoch nicht die diagnostische Behandlung durch den Arzt bei körperlichen Beschwerden oder Krankheiten.*

- Die Fußsohlen gehören zu den sichersten und effektivsten Stellen, an denen die Öle angewendet werden können.

Um den Rahmen dieses Buches mit dem Schwerpunkt Aromaküche nicht zu sprengen, konnten wir Ihnen hier nur einen Auszug der vielen Möglichkeiten, Wirkungen und Anwendungen ätherischer Öle vorstellen. Wenn Sie sich weiter mit diesem Thema beschäftigen wollen, möchten wir Sie auf den Anhang in diesem Buch mit weiterführender Literatur zum Thema Aromatherapie verweisen (siehe S. 151). Natürlich können Sie sich auch bei ausgebildeten Aromafachkräften (Diplomierte Aromapraktiker/innen, Diplomierte Aromatolog/innen u. a.) hinsichtlich individueller Auswahl und Anwendung ätherischer Öle beraten lassen. Damit stellen Sie sicher, dass die gewünschten Wirkungen auch erzielt werden. Sie können sich dazu auch gerne an die Autorinnen wenden, die beide ärztlich geprüfte Aromapraktikerinnen sind.

„Du bist, was du isst!"
Ludwig Feuerbach, 1804–1872

Kochen
mit ätherischen Ölen

Die beiden Sinne Geruch und Geschmack sind stark miteinander verflochten. In manchen Sprachen kommt dies zum Ausdruck, indem es für das Riechen und Schmecken nur ein Wort gibt. Der Geschmackssinn trägt in großem Umfang zur Lebensqualität bei – zusammen mit dem Geruchssinn bildet er die chemischen Sinne.

Die erste Frage, die gestellt wird, wenn man zum gemeinsamen Essen am Tisch sitzt, ist: „Wie schmeckt es?" Eigentlich sollte man fragen: „Wie riecht es?" Denn schmecken können wir lediglich fünf Geschmacksrichtungen: süß, sauer, salzig, bitter und umami (herzhaft). Diese neue Geschmacksrichtung wurde erst 1907 vom japanischen Geschmacksforscher Ikeda entdeckt. Unser Geruchssinn spielt eine große Rolle in unserer Gesellschaft. Duft- und Geschmackserlebnisse werden im Limbischen System gespeichert, welches auch für unsere Erinnerungen und Emotionen zuständig ist. Der Duft nach Zimt, Nelke und Vanille erinnert die meisten von uns an die Weihnachtszeit und an das damit verbundene Keksebacken. Durch den Duft, den wir über unsere Nase aufnehmen, wer-

den die Verdauungssäfte zum Fließen gebracht und die Magensaftproduktion angeregt. Dadurch werden die Speisen leichter verdaut. So geben Kräuter und Gewürze den Speisen nicht nur den richtigen Duft und Geschmack, zwischen Heilen und Kochen besteht seit jeher ein enger Zusammenhang. Schon in alten Aufzeichnungen findet man Hinweise auf die Heilkräfte von Kräutern und duftenden Gewürzen. Für ältere Generationen war es selbstverständlich, einen Kräutergarten zu besitzen und diese Kräuter nicht nur in der Küche, sondern auch in der Heilkunst zu gebrauchen. Was aber, wenn man nicht die Möglichkeit hat, einen Kräutergarten anzulegen bzw. frische Kräuter zu kaufen? Starten Sie einen Versuch mit ätherischen Ölen – Sie werden vom Ergebnis überrascht sein! Dennoch sollen Kräuter und Gewürze nach wie vor Bestandteil der Küche bleiben. Die ätherischen Öle dienen in der Aromaküche als pfiffige Ergänzung, Abrundung von Geschmacksrichtungen oder Ersatz für manche Kräuter und Pflanzen, die z. B. im Winter nicht so leicht erhältlich sind.

Der Punkt auf dem I – ätherische Öle in der Küche

Die wunderbar duftenden ätherischen Öle sind nicht nur für die Aromatherapie geeignet, sie lassen sich auch hervorragend in der Aromaküche zur Verfeinerung von Speisen einsetzen. Schon im alten Ägypten wurden vor dem Essen als Aperitif so genannte „Duftbecher", gefüllt mit frischen Kräutern, versetzt mit wohlriechenden ätherischen Ölen, gereicht. Sie sollten die Stimmung heben und die Verdauungssäfte anregen. Duftendes Essen vermag das Herz und den Geist zu öffnen. In Verbindung mit den Aromen auf dem Gaumen lässt uns gutes Essen das Leben voll genießen. Gleichzeitig unterstützen die Düfte und Essenzen der Gewürzöle und Kräuter auch unsere Verdauung und stärken unser Immunsystem.

Qualität, nicht Quantität!

Wir verwenden in der Küche gerne ätherische Öle, die mittels CO_2-Extraktion gewonnen wurden, da diese im Geruch und Geschmack der jeweiligen Pflanze am ähnlichsten sind. Ansonsten legen wir bei der Auswahl der Öle Wert auf höchste Qualität, vorzugsweise kbA-Qualität (kontrolliert biologischer Anbau).

Ätherische Öle haben ganz besondere Eigenschaften, die bei ihrer Verwendung sowohl in der Aromapraxis als auch in der Aromaküche eine wichtige Rolle spielen. Als leicht flüchtige Substanzen verdunsten sie sehr schnell an der Luft. Daher sollte man die Fläschchen mit den ätherischen Ölen immer gut verschlossen halten. Aufgrund der Art ihrer Gewinnung handelt es sich um hoch konzentrierte Substanzen, die nur in wenigen Ausnahmen (z. B. ätherisches Lavendelöl) pur auf die Haut aufgetragen werden sollten, da ansonsten Hautreizungen auftreten können. In der Aromaküche sollten die duftenden Essenzen daher sehr sparsam zur Parfümierung von Speisen verwendet werden. Ätherische Öle enthalten kein Fett und sind nicht wasserlöslich, weshalb sie vor der Verwendung in wässrigen Substanzen (Aromaküche oder Aromabad) immer mit einem Trägerstoff emulgiert werden müssen (z. B. Honig, Salz, Pflanzenöle, etc.).

Grundlagen in der Anwendung

Wie schon erwähnt, sind ätherische Öle nicht als Ersatz für Gewürze, frische Kräuter oder Früchte gedacht. Sie sollen eine Ergänzung und Erweiterung bei der Zubereitung von Speisen sein. Ihre Wirkung dient vorwiegend dem Verfeinern von Gerichten. Allerdings können ätherische Öle, ähnlich wie die Pflanzen, aus denen sie gewonnen werden, auch appetitanregende und / oder verdauungsfördernde Wirkungen entfalten. Als appetitanregend gilt aus den Erfahrungsberichten der Aromapraxis Grapefruit, welche sogar bei Essstörungen eingesetzt werden kann, weiters viele Kräuteröle und typische Gewürzöle wie Koriander, Kardamom etc. Diese Kräuter- und Gewürzöle können ebenfalls eine verdauungsfördernde Wirkung entfalten. Hingegen kann das kurze Schnuppern von Vanilleduft den Heißhunger auf Süßes stillen, und Pfefferminze gilt sogar als Appetitzügler. Da diese Öle hoch konzentriert und leicht flüchtig sind, sollten einige Regeln eingehalten werden, damit beim Würzen der gewünschte Effekt erzielt wird:

- Weniger ist mehr! Vorsicht vor einer Überdosierung – ein Tropfen zu viel kann die ganze Speise verderben.
- Ätherische Öle nie „pur" in die Speisen tropfen! Ätherische Öle sind nicht wasserlöslich. Daher benötigen wir zum Kochen so genannte „Emulgatoren" oder „Trägerstoffe", welche die ätherischen Öle mit den oft wässrigen Substanzen von Speisen verbinden. Geeignet sind fette native Öle wie z. B. Sonnenblumen-, Sesam- oder Olivenöl, aber auch Sahne (Obers), Eigelb, Butter, saure Sahne (Sauerrahm), Joghurt, Senf, Essig, Honig, Zucker, Salz, Mayonnaise sowie Alkohol (z. B. Brandy oder Weingeist). Mischen Sie die benötigte Tropfenanzahl ätherischen Öls mit dem Emulgator (diesen Vorgang nennt man emulgieren) und geben Sie diese Würzmischung dann in die Speise.
- Bei sehr intensiven Aromen genügt oftmals ein Hauch des ätherischen Öls. Geben Sie in diesem Fall nur 1 Tropfen des ätherischen Öls auf einen Löffel, den Sie abtropfen lassen. Mit dem auf dem Löffel verbliebenen Öl können Sie die Speisen aromatisieren (diesen Vorgang nennt man **„Löffelmethode"**).
- Eine weitere Möglichkeit für geringe Dosierung ist auch die so genannte „Zahnstochermethode". Benetzen Sie einen Zahnstocher mit ätherischem Öl und rühren Sie mit diesem die Speise um.
- Ätherische Öle sind flüchtige Stoffe. Daher sollten diese erst kurz vor dem Servieren den Speisen beigegeben werden. Dies gilt vor allem bei heißen Speisen.
- Beim Backen mit ätherischen Ölen können Sie aufgrund der Flüchtigkeit daher ein wenig höher dosieren, damit der Geschmack bis zum Ende des Backvorganges erhalten bleibt.
- Es ist sinnvoll, einige Würzöle, aromatisierte Sirupe oder Salze als Vorrat anzulegen. Das erleichtert das Kochen mit ätherischen Ölen sehr. Rezepte finden Sie auf den Seiten 30–38.

KOCHEN MIT ÄTHERISCHEN ÖLEN

Beliebte ätherische Öle / Vorsichtsgebote in der Aromaküche

- Verwenden Sie nur 100 % naturreine ätherische Öle.
- Ätherische Öle aus kontrolliert biologischem Anbau (kbA) sind zu bevorzugen.
- Wir empfehlen die Verwendung von CO_2-extrahierten Ölen, da deren Duft dem natürlichen Aroma am ähnlichsten ist.
- Da es sich bei ätherischen Ölen um hoch konzentrierte Substanzen handelt, sind in der nachfolgenden Tabelle einige Vorsichtsgebote angeführt.
- Die angeführten Vorsichtsgebote beziehen sich grundsätzlich auf eine längerfristige und regelmäßige Anwendung (z. B. täglich über ein paar Wochen hinweg). Bei richtiger Anwendung als Würzöle in der Aromaküche, d. h. ausreichend verdünnt, sind erfahrungsgemäß keine unerwünschten Nebenwirkungen und Allergien bekannt. Trotzdem kann im Einzelfall, auch bei gut verträglichen ätherischen Ölen, eine allergische Reaktion oder Unverträglichkeit leider nicht ganz ausgeschlossen werden.

ätherisches Öl	Anwendung in der Aromaküche	*Vorsichtsgebote
Europäisches Basilikum (Ocimum basilicum ct. linalool)	Würzöle, Würzhonig, Würzsalze, zum Verfeinern von Saucen	• nicht in der Schwangerschaft • nicht für Babys und Kleinkinder
Bay-Öl (Pimenta racemosa)	Würzöle, Würzhonig und zum Verfeinern asiatischer Gerichte mit Sojasauce	• nicht in der Schwangerschaft • nicht für Babys und Kinder • keine Daueranwendung • keine langfristige Anwendung in hoher Dosierung bei Blutgerinnungsstörungen und / oder Einnahme von blutverdünnenden Medikamenten • bei nicht ausreichender Verdünnung kann das Öl haut- und schleimhautreizend wirken
Bergamotte (Citrus bergamia)	Würzöle, Würzhonig, Würzsalze, zum Verfeinern von Saucen; passt sehr gut zu Fisch und Gemüse, Tee (Earl Grey)	• bei Anwendung auf der Haut Solarium und Sonneneinstrahlung für mind. 8 Stunden vermeiden, da sonst leichter ein Sonnenbrand oder Sonnenflecken entstehen • bei Anwendung auf der Haut kann es bei Überdosierung, oxidierten Ölen bzw. in Verbindung mit warmem Wasser (z. B. Aromabad) zu Hautreizungen kommen
Bergbohnenkraut (Satureja montana)	Würzöle, Würzsalze, Gewürzbutter; passt sehr gut zu Gemüse (grüne Bohnen)	• sehr gering dosieren • nicht in der Schwangerschaft • bei nicht ausreichender Verdünnung kann das Öl haut- und schleimhautreizend wirken

ätherisches Öl	Anwendung in der Aromaküche	*Vorsichtsgebote
Blutorange *(Citrus sinensis)*	Würzöle, Würzhonig, Sirup, zum Verfeinern von Desserts	• bei Anwendung auf der Haut Solarium und Sonneneinstrahlung für mind. 8 Stunden vermeiden (es kommt leicht zu Sonnenbrand oder Sonnenflecken) • bei Anwendung auf der Haut kann es bei Überdosierung, oxidierten Ölen bzw. in Verbindung mit warmem Wasser (z. B. Aromabad) zu Hautreizungen kommen
Dillöl *(Anethum graveolens)*	Würzöle, Würzsalze, Gewürzbutter; passt gut zu Gemüse und Fisch	• nicht in der Schwangerschaft • nicht für Babys und Kinder
Estragon *(Artemisia dracunculus)*	Saucen, Gemüsegerichte, Gewürzbutter	• nicht für Babys und Kinder • keine Langzeitanwendung • als 0,5-%iges Würzöl in der Aromaküche unproblematisch
Geranium *(Pelargonium graveolens)*	Sirup, Würzhonig, zum Verfeinern von Desserts oder Aperitifs (z. B. Sekt mit Sirup)	• bei normaler Anwendung gut verträglich
Grapefruit *(Citrus paradisi)*	Würzöle, Würzhonig, Sirup, zum Verfeinern von Desserts, zum Konservieren von Marmeladen oder Sirup	• bei Anwendung auf der Haut Solarium und Sonneneinstrahlung für mind. 8 Stunden vermeiden (es kommt leicht zu Sonnenbrand oder Sonnenflecken) • bei Anwendung auf der Haut kann es bei Überdosierung, oxidierten Ölen bzw. in Verbindung mit warmem Wasser (z. B. Aromabad) zu Hautreizungen kommen
Ingwer CO_2-extrahiert *(Zingiber officinalis)*	vor allem zum Abrunden asiatischer Speisen oder zum Verfeinern von Fisch und Kürbisgerichten	• Achtung: äußerst scharf – sehr gering dosieren, am besten mit der Zahnstochermethode, kann sonst die Schleimhäute reizen • bei nicht ausreichender Verdünnung kann das Öl haut- und schleimhautreizend wirken. • Vorsicht bei Blutgerinnungsstörungen und / oder Einnahme von blutverdünnenden Medikamenten • nicht in der Schwangerschaft

ätherisches Öl	Anwendung in der Aromaküche	*Vorsichtsgebote
Ingwer destilliert (Zingiber officinalis)	vor allem zum Abrunden asiatischer Speisen oder zum Verfeinern von Fisch und Kürbisgerichten	• Vorsicht bei Blutgerinnungsstörungen und / oder Einnahme von blutverdünnenden Medikamenten • nicht in der Schwangerschaft
Kaffee CO_2-extrahiert (Coffee arabica)	zum Verfeinern von Desserts, Kaffee und zum Backen	• bei normaler Anwendung gut verträglich
Kakao-Extrakt (Theobroma cacao)	zum Verfeinern von Desserts, Kaffee und zum Backen	• bei normaler Anwendung gut verträglich
Kardamom (Elletaria cardomomum)	Würzöle, vor allem zum Abrunden arabischer oder indischer Speisen, zum Verfeinern von Saucen zu Fisch und Fleisch	• bei normaler Anwendung gut verträglich
Koriander-Samenöl (Coriandrum sativum)	Würzöle, vor allem zum Abrunden arabischer oder indischer Speisen, zum Verfeinern von Saucen zu Fisch und Fleisch oder zum Abschmecken von Suppen	• bei normaler Anwendung gut verträglich
Knoblauchöl (Allium sativum)	Würzöle, zum Verfeinern von Salatdressings, besonders geeignet für Personen, die frischen Knoblauch nicht gut vertragen, kein typischer Körpergeruch, wie bei Genuss von frischem Knoblauch	• wird nur in der Aromaküche verwendet. • bei normaler Anwendung gut verträglich
Kreuzkümmelöl (Cuminum cyminum)	Würzöle, Würzsalze; passt gut zu allen orientalischen Speisen	• nicht in der Schwangerschaft • bei Anwendung auf der Haut Solarium und Sonneneinstrahlung für mind. 8 Stunden vermeiden (es kommt leicht zu Sonnenbrand oder Sonnenflecken) • bei Anwendung auf der Haut kann es bei Überdosierung zu Haut- oder Schleimhautreizungen kommen

KOCHEN MIT ÄTHERISCHEN ÖLEN

ätherisches Öl	Anwendung in der Aromaküche	*Vorsichtsgebote
Lavendel *(Lavandula officinalis/angustifolia)*	zum Abschmecken von Desserts, raffinierten Aufstrichen, Ansetzen von Sirup und Verfeinern von Eis	• bei normaler Anwendung gut verträglich
Lemongrass *(Cymbopogon flexuosus)*	Würzöle, Würzsalze; passt gut zu allen asiatischen Gerichten – vor allem Thaiküche mit Kokosmilch, passt als Würzsalz hervorragend zu Fischgerichten	• Personen mit erhöhtem Augendruck sollten dieses ätherische Öl nicht zu oft verwenden • bei Anwendung auf der Haut kann es bei Überdosierung, oxidierten Ölen bzw. in Verbindung mit warmem Wasser (z. B. Aromabad) zu Hautreizungen kommen
Limette gepresst *(Citrus aurantifolia)*	Würzöle, Würzsalze, für Sirup (z. B. zum Verfeinern von Holundersirup), zum Abschmecken von Eis und anderen Desserts, zum Abrunden von Saucen zu Fisch und Hühnerfleisch	• bei Anwendung auf der Haut Solarium und Sonneneinstrahlung für mind. 8 Stunden vermeiden (es kommt leicht zu Sonnenbrand oder Sonnenflecken) • bei Anwendung auf der Haut kann es bei Überdosierung, oxidierten Ölen bzw. in Verbindung mit warmem Wasser (z. B. Aromabad) zu Hautreizungen kommen
Lorbeerblätter *(Laurus nobilis)*	Würzöle, vor allem zum Ansetzen von Oliven etc. aber auch zum Abrunden von Saucen zu Wild und Fisch	• in der Schwangerschaft nur unter fachlicher Aufsicht • kann je nach Zusammensetzung und Herkunft bei Anwendung auf der Haut Reizungen hervorrufen
Majoran CO_2**-extrahiert** *(Origanum majorana)*	Würzöle, zum Abschmecken von italienischen Gerichten	• in der Schwangerschaft sollte dieses ätherische Öl in der Küche nicht überdosiert werden
Mandarine rot *(Citrus reticulata)*	Würzöle, Würzsirup, zum Verfeinern von Desserts, Sirupen, Aperitifs und zu Fisch und Gemüse in Verbindung mit Gewürzölen	• bei Anwendung auf der Haut Solarium und Sonneneinstrahlung für mind. 8 Stunden vermeiden (es kommt leicht zu Sonnenbrand oder Sonnenflecken) • bei Anwendung auf der Haut kann es bei Überdosierung, oxidierten Ölen bzw. in Verbindung mit warmem Wasser (z. B. Aromabad) zu Hautreizungen kommen

KOCHEN MIT ÄTHERISCHEN ÖLEN

ätherisches Öl	Anwendung in der Aromaküche	*Vorsichtsgebote
Muskatellersalbei (Salvia sclarea)	Würzsalze, zum Abschmecken von Gemüse, Wild oder Fischgerichten	• nicht in der Schwangerschaft • nicht bei östrogenabhängigen Kanzerosen • verstärkt die Wirkung von Alkohol • nicht bei Endometriose • nicht während starker Menstruation
Muskatnussöl (Myristica fragrans)	Würzöle, zum sanften Verfeinern von Speisen, insbesondere von Gemüsegerichten und Kartoffelteig	• das Öl nur sehr sparsam und nur gelegentlich verwenden, da bei Überdosierung halluzinogene Wirkungen auftreten können • nicht in der Schwangerschaft
Nelkenknospen (Syzigium aromaticum)	zum Verfeinern von Desserts, Kaffee und zum Backen, zu Wildgerichten, Rotkraut etc.	• nicht in der Schwangerschaft • keine langfristige Anwendung in hoher Dosierung bei Blutgerinnungsstörungen und / oder Einnahme von blutverdünnenden Medikamenten • bei nicht ausreichender Verdünnung kann das Öl haut- und schleimhautreizend wirken • nicht für Babys und Kinder • keine Daueranwendung
Neroli (Citrus aurantium flos.)	für exquisite Süßspeisen und Sirupe	• bei normaler Anwendung gut verträglich
Orange süß (Citrus sinensis)	Würzöle, Würzsalze und Würzsirupe, zum Abschmecken von Süßspeisen; passt in Verbindung mit anderen Gewürzölen gut zu Fisch	• bei Anwendung auf der Haut Solarium und Sonneneinstrahlung für mind. 8 Stunden vermeiden (es kommt leicht zu Sonnenbrand oder Sonnenflecken) • bei Anwendung auf der Haut kann es bei Überdosierung, oxidierten Ölen bzw. in Verbindung mit warmem Wasser (z. B. Aromabad) zu Hautreizungen kommen
Pfeffer schwarz (Piper nigrum)	überall dort, wo wir auch das Gewürz einsetzen, aber auch z. B. zu Erdbeermarmelade oder in Verbindung mit Orangenöl zu dunkler Schokolade	• Vorsicht: bei Anwendung auf der Haut kann es bei oxidierten Ölen bzw. in Verbindung mit warmem Wasser (z. B. Aromabad) zu Hautreizungen kommen

ätherisches Öl	Anwendung in der Aromaküche	*Vorsichtsgebote
Pfefferminze *(Mentha piperita)*	Würzsirup, zum Verfeinern von Säften, Eiswürfeln, Desserts etc.	• in der Schwangerschaft nur unter fachlicher Aufsicht • nicht für Kinder unter 6 Jahren – hier durch Krauseminze (Mentha spicata) ersetzen • nicht bei Epilepsie • Vorsicht: bei Anwendung auf der Haut kann es bei Überdosierung bzw. in Verbindung mit warmem Wasser (z. B. Aromabad) zu Hautreizungen kommen • nicht für AsthmatikerInnen • nicht bei gleichzeitiger Anwendung von homöopathischen Mitteln
Rose bulgarisch *(Rosa damascena)*	Würzsalz, Würzhonig, Würzsirup, zum Verfeinern von Säften, Eiswürfeln, Desserts etc.	• bei normaler Anwendung gut verträglich
Rosmarin *(Rosmarinus officinalis ct. 1,8 Cineol)*	Würzöle, Würzsalze, zum Verfeinern von Fleisch und Fischgerichten	• in der Schwangerschaft nur unter fachlicher Aufsicht • keine hoch dosierte Anwendung bei hohem Blutdruck • nicht für Kinder unter 6 Jahren • nicht bei Epilepsie
Salbei *(Salvia officinalis)*	Würzöle, Würzsalze, zum Verfeinern von Fleisch und Fischgerichten	• nicht in der Schwangerschaft • nicht bei Epilepsie
Thymian ct. Linalool *(Thymus vulgaris ct. linalool)*	Würzöle, Würzsalze, zum Verfeinern von Fleisch und Fischgerichten	• in der Schwangerschaft nur unter fachlicher Aufsicht
Tonkabohne *(Dipteryx odorata)*	Würzsirup, zum Verfeinern von Desserts und alkoholischen Getränken	• bei normaler Anwendung gut verträglich
Vanille-Extrakt *(Vanilla planifolia)*	zum Verfeinern von Desserts, Kaffee und zum Backen, zu Wildgerichten, Rotkraut etc.	• bei normaler Anwendung gut verträglich

ätherisches Öl	Anwendung in der Aromaküche	*Vorsichtsgebote
Wacholderöl *(Juniperus communis)*	Würzöle, Würzsalze, zum Verfeinern von Fleisch (z. B. Wild) und Gemüse (z. B. Rotkohl)	• in der Schwangerschaft nur unter fachlicher Aufsicht
Ylang-Ylang *(Cananga odorata)*	zum Verfeinern von Desserts	• keine Langzeitanwendung bei niedrigem Blutdruck • bei hoher Dosierung kann es zu Kopfschmerzen kommen • Vorsicht: bei Anwendung auf der Haut kann es bei Überdosierung bzw. in Verbindung mit warmem Wasser (z. B. Aromabad) zu Kreislaufstörungen kommen
Zimtrinde *(Cinnamomum verum)*	zum Verfeinern von Desserts, Kaffee und zum Backen, zu Wildgerichten, Rotkraut etc.	• nicht in der Schwangerschaft • bei nicht ausreichender Verdünnung haut- und schleimhautreizend • für Kinder nur in der Duftlampe verwenden • keine langfristige Anwendung in hoher Dosierung bei Blutgerinnungsstörungen und / oder Einnahme von blutverdünnenden Medikamenten • keine Daueranwendung
Zitrone *(Citrus limonum)*	Würzsalz, Würzhonig, Würzsirup, zum Verfeinern von Säften, Eiswürfeln, Desserts etc.; passt gut zu Fischgerichten und Gemüse	• bei Anwendung auf der Haut Solarium und Sonneneinstrahlung für mind. 8 Stunden vermeiden (es kommt leicht zu Sonnenbrand oder Sonnenflecken) • bei Anwendung auf der Haut kann es bei Überdosierung, oxidierten Ölen bzw. in Verbindung mit warmem Wasser (z. B. Aromabad) zu Hautreizungen kommen

*Die angegebenen Vorsichtsgebote zu den ätherischen Ölen sind aus der einschlägigen Fachliteratur zusammengefasst. Die Angaben zur verwendeten Fachliteratur finden Sie im Literaturverzeichnis (siehe S. 151).

Hydrolate in der Aromaküche

Hydrolate sind Nebenprodukte, die bei der Destillation von ätherischen Ölen entstehen. Sie enthalten die wasserlöslichen Substanzen der Pflanze und nur einen ganz geringen Anteil an ätherischem Öl. Ihre Wirksamkeit für die Aromatherapie wurde erst vor kurzem erkannt. In der Aromaküche können Hydrolate zur sanften Parfümierung von Speisen und Salaten verwendet werden. Achten Sie beim Einkauf darauf, dass die Hydrolate nicht mit Alkohol gestreckt sind und in Sprühflaschen mit maximal 100 ml abgefüllt sind. Hydrolate sollten im Kühlschrank aufbewahrt werden und sind nach erster Verwendung etwa 8 Wochen haltbar.

Hydrolat	Anwendung in der Aromaküche
Rosenhydrolat	zum Verfeinern von Getränken, Saucen, Desserts, Salatdressings; passt insbesondere zu Schnittsalat, weißem Fleisch
Lavendelhydrolat	zum Verfeinern von Getränken, Saucen, Desserts, Salatdressings; passt sehr gut zum Parfümieren von selbst gemachtem Eis oder Halbgefrorenem
Rosmarinhydrolat	zum Verfeinern von Saucen, Salatdressings
Orangenblütenhydrolat	zum Verfeinern von Getränken, Saucen, Desserts, Salatdressings; passt insbesondere zu Schnittsalat, weißem Fleisch und Fisch, aber auch zu Wildsaucen

KOCHEN MIT ÄTHERISCHEN ÖLEN

Anlegen
aromatischer Vorräte

Es erfordert einiges an Übung und Erfahrung, will man ätherische Öle in der Aromaküche in der richtigen Dosierung verwenden. Tropft man Öle mit Hilfe von Emulgatoren (Milch, Öl, Honig, Salz, etc) direkt in die Speisen, kann es leicht passieren, dass sich mehr Tropfen als gewünscht aus dem Dosierfläschchen lösen. Eine große Hilfe für Einsteiger kann es daher sein, sich entsprechende Vorräte an aromatisierten Salzen, Sirupen oder Würzölen anzulegen, welche man dann zum Verfeinern der Speisen verwenden kann. So müssen Sie beim Dosieren nicht so extrem aufpassen. Natürlich können Sie mit den in der Tabelle angeführten Ölen und hochwertigen Pflanzenölen jedes beliebige Würzöl herstellen.

Dazu verwenden Sie auf 50 ml natives fettes Pflanzenöl maximal 9 Tropfen ätherisches Öl und lassen es 14 Tage ziehen. Es folgen einige Vorschläge für Würzöle, die Sie vorbereiten können.

Würzöle

Kräuterwürzöl mit gerösteten Haselnüssen

- 50 ml Sonnenblumenöl
- 3 Tr. Thymian ct. Linalool (Erklärung siehe S. 9)
- 2 Tr. Majoranöl CO_2-extrahiert (Erklärung siehe S. 11)
- 2 Tr. Salbeiöl
- 2 EL geröstete Haselnüsse

Öl mit den ätherischen Ölen und den gerösteten Haselnüssen in einer Flasche reifen lassen.

Provence-Würzöl

- 50 ml natives Olivenöl
- 2 Tr. Salbeiöl
- 2 Tr. Lavendelöl
- 2 Tr. Thymianöl ct. linlaool (Erklärung siehe S. 9)
- 2 Tr. Rosmarinöl ct. 1,8 Cineol
- 1 Tr. Bergbohnenkrautöl

Sizilia-Würzöl

- 50 ml natives Olivenöl
- 2 Tr. Thymian ct. Linalool (Erklärung siehe S. 9)
- 2 Tr. Oreganoöl
- 1 Tr. Majoranöl CO_2-extrahiert (Erklärung siehe S. 11)
- 2 Tr. Rosmarinöl ct. 1,8 Cineol
- 3 Tr. Orangenöl (fakultativ)
- 1 Tr. Knoblauchöl

Würzöl-Mischung

- 50 ml Olivenöl
- 3 Tr. Thymian ct. Linalool (Erklärung siehe S. 9)
- 2 Tr. Rosmarinöl ct. 1,8 Cineol
- 3 Tr. Orangenöl

KOCHEN MIT ÄTHERISCHEN ÖLEN

Zitrus-Basilikum-Öl

50 ml Olivenöl
5 Tr. Mandarinenöl
1 Tr. Basilikumöl
       CO_2-extrahiert
       (Erklärung siehe S. 11)
5 Tr. Grapefruitöl
1   Zweig Basilikum

Zitronenwürzöl

50 ml natives Sonnenblumenöl
Schalen von unbehandelten Zitronen
getrocknete Schalen von unbehandelten Zitronen
12 Tr. Zitronenöl

Sonnenblumenöl mit Zitronenschalen und dem ätherischen Öl ansetzen. Danach abseihen und in dekorative Flaschen füllen. Eventuell getrocknete Zitronenschalen dazugeben.

TIPP:
Lassen Sie die Würzöle 1–2 Wochen ziehen, ehe Sie sie in der Küche verwenden. Bewahren Sie die Öle lichtgeschützt an einem kühlen Ort auf. Die Würzöle sind so lange haltbar wie das Trägeröl, das Sie zur Herstellung verwendet haben. Auf diese Art lassen sich Würzöle mit den verschiedensten ätherischen Ölen herstellen.

Würzessig

Muskateller-Salbei-Essig

500 ml Essig
        (von Fischerauer Essig)
1   Hand voll Muskatellersalbeiblüten
8 Tr.   Muskatellersalbeiöl

Essig und Blüten in eine Flasche füllen und mindestens 2 Wochen stehen lassen. Abseihen und mit 8 Tr. ätherischem Muskatellersalbeiöl aromatisieren.

www.essig.at

KOCHEN MIT ÄTHERISCHEN ÖLEN

Rosenessig

500 ml Apfelessig
1 Hand voll ungespritzter Rosenblütenblätter
8 Tr. ätherisches Rosenöl

Essig und Blüten in eine Flasche füllen und mindestens 2 Wochen stehen lassen. Abseihen und mit dem ätherischen Rosenöl aromatisieren.

Aromatisierte Butter

Kräuterbutter

250 g Butter
2–3 Zweige frischer Oregano
1–2 Zweige frischer roter Basilikum
2–3 Zweige frischer Zitronenthymian
½ TL Meersalz
2 Tr. Majoranöl CO_2-extrahiert (Erklärung siehe S. 11)

Die Butter 1 Stunde vor der Verarbeitung aus dem Kühlschrank nehmen und in einer Mixschüssel aufbewahren (sie ist dann weicher und lässt sich leichter verarbeiten). Die Kräuter waschen und trocken tupfen, die Blätter von den Stielen zupfen und fein hacken und zur Butter in die Schüssel geben. Das Salz auf den Teelöffel geben und die 2 Tr. ätherisches Majoranöl daraufgeben, dann zur Butter hinzufügen. Mit dem Handmixer alles gut verrühren. Jenen Teil der Butter, den Sie innerhalb der nächsten Tage benötigen, in einem Gefäß im Kühlschrank aufbewahren (hält etwa 3–4 Tage). Die restliche Kräuterbutter können Sie portioniert einfrieren.

KOCHEN MIT ÄTHERISCHEN ÖLEN

Orient-Butter

250 g	Butter
½ TL	Meersalz
3 Tr.	Koriandersamenöl
1 Tr.	Kardamomöl
1 Tr.	Zimtöl CO_2-extrahiert (Erklärung siehe S. 11)
½ TL	Kreuzkümmel (gemahlen)

Die Butter 1 Stunde vor der Verarbeitung aus dem Kühlschrank nehmen und in einer Mixschüssel aufbewahren (sie ist dann weicher und lässt sich leichter verarbeiten). Das Meersalz auf einem Löffel mit den ätherischen Ölen beträufeln und gemeinsam mit dem Kreuzkümmelpulver mit dem Handmixer in die Butter einrühren. Jenen Teil der Butter, den Sie innerhalb der nächsten Tage benötigen, in einem Gefäß im Kühlschrank aufbewahren (hält etwa 3–4 Tage). Die restliche Orient-Butter können Sie portioniert einfrieren. Die Orient-Butter eignet sich hervorragend zum Abschmecken von Pfannengemüse, Ofenkartoffeln oder gegrilltem Hühnerfleisch.

Rosenbutter

250 g	weiche Butter
2 EL	Rosenwasser (oder 1 Tr. Rosenöl)
8	Duftrosenblätter, fein geschnitten
	Salz

Butter schaumig rühren, Rosenwasser bzw. Rosenöl untermengen. Die Rosenblätter vom weißen Ansatz befreien, in dünne Streifen schneiden und unter die Butter rühren, salzen.

Würzsalze

Blutorangen-Lemongrass-Salz

6 Tr.	Lemongrassöl
8 Tr.	Blutorangenöl
60 g	Meersalz

Die ätherischen Öle in ein dunkles Schraubglas mit 60 g Fassungsvermögen füllen und das Glas drehen, sodass sich die ätherischen Öle überall an der Glaswand verteilen. Dann 60 g Meersalz einfüllen, gut schütteln und einige Tage ruhen lassen. Danach immer wieder nach einigen Tagen gut durchschütteln. Nach zwei Wochen ist das Salz mit den ätherischen Ölen gut durchzogen und kann zum Würzen in der Aromaküche verwendet werden.

Lavendelsalz

100 g Meersalz
2 EL getrocknete Lavendelblüten
15 Tr. Lavendelöl

Geeignet für die mediterrane Küche.

Pfeffer-Orangen-Salz

100 g Meersalz
getrocknete Orangenzesten einer kleinen Orange, einige Pfefferkörner
10 Tr. Orangenöl
9 Tr. schwarzes Pfefferöl

Zubereitung wie Rosensalz. Geeignet als Finish-Salz für Steaks und Geflügel.

Rosensalz

100 g grobes Meersalz
2 EL getrocknete Rosenblüten
5 Tr. Rosenöl

Ätherisches Öl in ein Schraubglas füllen und wie beim Blutorangen-Lemongrass-Salz vorgehen. Salz einfüllen und einige Tage reifen lassen. Das Salz mit den Rosenblüten fein cuttern und in einem Glas luftdicht lagern. Gut geeignet als Finish-Salz für Geflügel, Fisch und Salate.

Blutorangen-Lemongrass-Tipp:
Sie können statt Blutorangenöl auch das ätherische Öl der Orange verwenden, dann wird der Geschmack des Würzsalzes runder und wärmer. Oder sie verwenden die feeling-Mischung „Fruchtschalenmix kbA" statt Blutorangenöl. Dann wird die Mischung frisch und fruchtig.

Ingwersalz

100 g Meersalz
1 nussgroßes Stück getrockneter Ingwer
15 Tr. Ingweröl

Geeignet für asiatische Gerichte.

KOCHEN MIT ÄTHERISCHEN ÖLEN

Süßes Salz

- 100 g   Meersalz
- 50 g   brauner Zucker
- 1 EL   getrocknete Zitronenschalen
- 10 Tr.   Vanille-Extrakt in Alkohol (10:90)

Geeignet als Finish-Salz für Wild, Jakobsmuscheln.

Schoko-Chili-Salz

- 100 g   Meersalz
- 50 g   geriebene Schokolade (65–70 % Kakaoanteil)
- getrocknete Chilischoten nach Geschmack
- 15 Tr.   Pfefferöl

Geeignet für Wild und Huhn.

Zitronensalz

- 150 g   Meersalz
- getrocknete Zitronenschalen einer Zitrone
- 15 Tr.   Zitronenöl

Gut geeignet als Finish-Salz für Fisch und Caprese.

Sofern nicht anders angegeben, werden alle Würzsalze wie das Rosensalz zubereitet (siehe S. 35).

Würzsirup

Asia-Würzsirup

- 50 ml   Löwenzahnsirup (alternativ Ahornsirup)
- 2 Tr.   Bayöl
- 4 Tr.   Orangenöl
- 2 Tr.   Koriandersamenöl
- 1 Tr.   Ingweröl CO_2-extrahiert (Erklärung siehe S. 11)

Den Sirup mit den ätherischen Ölen mischen und 2–3 Wochen ziehen lassen. Eignet sich für süß-scharfe oder süß-saure Wok-Gerichte.

Rosensirup

- 150 g   unbehandelte Duftrosenblätter
- 1 l   Wasser
- Saft von 2 Zitronen
- 1 kg   Rohrzucker
- 10 Tr.   ätherisches Rosenöl nach Geschmack

Rosenblätter mit Wasser und Zitronensaft aufkochen und zugedeckt über Nacht ziehen lassen, abseihen und mit dem Rohrzucker noch einmal 30 Minuten dick einkochen lassen. Danach in Flaschen füllen, mit ätherischem Rosenöl aromatisieren.

Monardesirup mit Ingweröl

- 1 Hand voll Monardeblütenblätter (Goldmelisse)
- 1 l Wasser
- 1 kg Rohrzucker
- 7–10 Tr. ätherisches Ingweröl nach Geschmack

Zubereitung wie Rosensirup.

Würzhonig

Orange-Bergamotte-Vanille-Honig

- 100 g Akazienhonig
- 10 Tr. Orangenöl
- 5 Tr. Bergamotteöl
- 3 Tr. Vanille-Extrakt in Alkohol (10:90)

Den Honig in ein Glas füllen und mit den ätherischen Ölen vermengen, 2–3 Wochen ziehen lassen.

Aromatisierter Zucker

Fruchtschalenzucker

- 100 g brauner Rohrzucker
- 50 Tr. ätherisches Fruchtschalenmixöl kbA

Den Zucker in ein dunkles Schraubglas mit 100 g Fassungsvermögen füllen und das ätherische Öl darüber verteilen. Mit einem Holzstab oder TL gut vermengen. Nach zwei Wochen ist der Zucker mit dem ätherischen Fruchtschalenmixöl kbA gut durchzogen und kann zum Backen in der Aromaküche verwendet werden.

Vanillezucker

- 100 g brauner Rohrzucker oder
- 100 g weißer Zucker
- 50 Tr. Vanille-Extrakt in Alkohol (10:90)

Den Zucker in ein dunkles Schraubglas mit 100 g Fassungsvermögen füllen und das Vanille-Extrakt darüber verteilen. Mit einem Holzstab oder TL gut vermengen. Nach zwei Wochen ist der Zucker mit dem Vanille-Extrakt gut durchzogen und kann zum Backen in der Aromaküche verwendet werden.

Rosenzucker

- 100 g Zucker
- 10 Tr. Rosenöl
- 2 EL getrocknete Rosenblüten

Die Wände eines Schraubglases mit ätherischem Öl benetzen. Zucker dazugeben und gut schütteln. Zucker reifen lassen und mit den getrockneten Rosenblüten vermengen.

Tipp: Da brauner Zucker einen Eigengeschmack hat, sollte man in diesem Fall weißen Zucker verwenden.

Orangenzucker

- 100 g brauner Zucker (gut geeignet ist Muscovadozucker) oder 100 g weißer Zucker
- getrocknete Zesten von 1 Orange
- 20 Tr. Orangenöl

Zubereitung wie Rosenzucker

Kochen mit ätherischen Ölen

Hilfreiche Tricks für Aromaköche

Aromatisierte Gefäße und Küchengeräte
Speisen lassen sich auch gut aromatisieren, indem man z. B. Schneidebretter, auf denen die Speisen vorbereitet werden, oder Schüsseln und Gefäße, in denen die Speisen angerichtet werden, mit ätherischen Ölen benetzt. Dazu verreibt man 3–5 Tropfen von diversen Zitrusölen oder 1–2 Tropfen eines anderen ätherischen Öls auf dem Schneidebrett, das z. B. zum Gemüse- oder Fleischschneiden verwendet wird. Schüsseln und Gefäße, in denen die Speisen angerichtet werden, kann man mit 1–3 Tropfen ätherischem Öl benetzen.

Bepinseln und Bestreichen
Sobald man frisches Gebäck, einen Kuchen oder einen Auflauf, eine Quiche oder eine Pizza aus dem Ofen nimmt, kann man diese mit aromatischen Würzölen im noch warmen Zustand bepinseln. Damit lassen sich Gerichte besonders fein abschmecken und ein verführerischer Duft verbreitet sich.

Ganz einfach, aber wirkungsvoll ist ein Aromapinsel aus Gewürzzweigen, z. B. ein Rosmarin- oder Thymianzweig. Tauchen Sie diesen in ein Würzöl und stellen Sie beides auf den Tisch. Die Gäste können sich dann selbst je nach Geschmack ihre Speisen verfeinern.

Dreierlei Kerne mit Aroma-Würzsalz
Eigentlich sind ja alle fetthaltigen Nüsse und Kerne gute Träger für ätherische Öle. Hier eine Variante als Salatstreusel oder Knusperbelag für ein Butterbrot.

Rösten Sie jeweils getrennt zu gleichen Teilen (je 100 g) Sesamkerne, Sonnenblumenkerne und Kürbiskerne. Die Kürbiskerne anschließend noch grob hacken, sodass diese in der Größe zu den anderen Kernen passen. Füllen Sie die Kerne in ein Glas und geben Sie 1 Teelöffel Würzsalz nach Ihrer Wahl oder einfach Meersalz dazu. Gut schütteln und 2 Wochen ziehen lassen.

Aromatisierter Eiweißguss für Gebäck
Sie können Kuchen mit Eiweißguss einen besonderen Kick verleihen, indem Sie das Eiweiß beim Steifschlagen mit einem Teelöffel aromatisiertem Honig, einem Esslöffel Frucht- oder Vanillezucker oder 1–3 Tropfen Zitrusölen Ihrer Wahl verfeinern. Den aromatisierten Eischnee auf dem Kuchen gleichmäßig verteilen und fertig backen.

Hinweise
für die Verwendung dieses Kochbuchs

Der Aufbau des Kochbuchs

Auf den ersten Blick folgt der Rezeptteil dem klassischen Aufbau:
- Vorspeisen
- Suppen
- Hauptspeisen
- Beilagen
- Desserts

Aber das war uns einfach zu wenig. Für jede Hauptspeise finden Sie Vorschläge, welche Beilagen aus unserem Buch besonders gut dazu passen. Weiters haben wir bei vielen Gerichten auch Variationsmöglichkeiten angeführt. So lassen sich einige der Rezepte z. B. ohne viel Aufwand in eine vegetarische oder vegane Variante verwandeln. Spannend wird es besonders dann, wenn man für eine spezielle Gelegenheit ein Menü auf den Tisch zaubern muss, das zu begeistern vermag. Daher finden Sie in unserem Kochbuch noch ein Kapitel mit Menüvorschlägen für besondere Anlässe. Wir geben Ihnen auch Tipps, wie Sie es schaffen, möglichst entspannt durch einen Abend mit mehreren Gästen und Speisefolgen zu gondeln. Die Rezepte in unserem Kochbuch sind übrigens für 4 Personen gedacht.

Saisonale, regionale Zutaten

„Du bist, was du isst." Ein wahrer Spruch! Wir legen bei den Zutaten besonderen Wert auf Qualität. Wir bevorzugen regionale Produkte in Bio-Qualität. Instant- und Fertigprodukte versuchen wir nach Möglichkeit zu vermeiden. Wir kaufen vorzugsweise Produkte aus unserer Region, am liebsten von Bauern oder Züchtern, die wir kennen und denen wir vertrauen. Bei Produkten aus fernen Ländern achten wir auf einen Nachweis nachhaltiger Produktionsweise und bevorzugen Bio- und Fair-Trade-Produkte. Bei Obst und Gemüse bemühen wir uns, nach Möglichkeit saisonale Produkte zu verwenden, also Sorten, die in unseren Breiten zur jeweiligen Jahreszeit verfügbar sind.

Viele unterschätzen vor allem in der kalten Jahreszeit die Vielfalt an Wintergemüse, welches teilweise frisch oder als qualitativ gute Lagerware verfügbar ist. Vitamin C, Ballaststoffe, aber auch ausreichend Folsäure sind gerade im Winter besonders wichtig für unsere Abwehrkräfte. Anstatt Paprikaschoten aus Spanien zu beziehen und damit den CO_2-Ausstoß nachteilig zu beeinflussen, sollte man Winter- oder Lagergemüse aus heimischer Landwirtschaft kaufen. Denn auch während der Spätherbst- und Wintermonate gibt es eine stattliche Auswahl an Gemüse: alle Arten von Kohlgemüse, Kürbis, Karotten, Lauch, Rote Rüben, Pastinaken, Vogerlsalat, Endiviensalat und vieles mehr.

Die EO Steirisches Gemüse GmbH vermarktet als Erzeugerorganisation das Gemüse heimischer Landwirte und beliefert das ganze Jahr über den Lebensmittelhandel mit frischem, saisonalem Gemüse aus dem Umland. Das garantiert nicht nur Frische, sondern kommt wegen der kurzen Transportwege auch der Umwelt zugute. Im Gegensatz zum Gemüse ist es nicht ganz so einfach, das ganze Jahr über regionales, frisches Obst zu bekommen. In Österreich und Deutschland ist man in den Monaten April bis Dezember mit unterschiedlichsten Obstsorten gut versorgt. Die Palette reicht von Rhabarber im Frühling über die verschiedenen Beerensorten im Sommer, Äpfel, Birnen oder Zwetschken im Herbst bis hin zu Quitten, die bis in den Dezember hinein frisch zu haben sind. Ein besonderes Gustostück, welches das ganze Jahr über erhältlich ist, ist der Apfel. Die Steiermark ist das Zentrum des österreichischen Apfelanbaus und liegt mitten im klimatisch begünstigten europäischen Apfelgürtel. Dieser erstreckt sich von Ungarn über Slowenien, Österreich, Italien (Südtirol), die Schweiz, Deutschland und bis nach Frankreich. Der typisch fruchtige, süß-aromatische Duft von Äpfeln zieht jeden sofort in den Bann. Die verschiedensten süßen und sauren Sorten sind nicht nur roh ein Genuss und Vitaminspender, sondern sind auch gebacken, gebraten oder gekocht eine wahre Delikatesse.

Hochwertige Pflanzenöle

Beim Kochen legen wir Wert auf die Verwendung hochwertiger, möglichst nativer, kaltgepresster Pflanzenöle. Diese enthalten noch alle Vitamine und Fettbegleitstoffe, die für unseren Stoffwechsel wichtig sind. Außerdem haben sie einen unverwechselbaren Geschmack, der die Speisen aromatisch abrundet. *„Nativ"* steht im Zusammenhang mit der Gewinnung von Pflanzenölen für Sortenreinheit, erste Pressung, nicht extrahiert, nicht raffiniert und keine weitere Nachbehandlung außer Filtern.

Die mechanische bzw. hydraulische Pressung ist die schonendste Gewinnungsart für native Pflanzenöle. Hierbei werden das Saatgut, Nüsse oder Früchte mechanisch zerkleinert, in einer Wärmepfanne geringfügig erwärmt und mit hydraulischen Druckstempeln gepresst. Danach wird das Öl entweder gefiltert, oder es darf eine bestimmte Zeit rasten, in der sich die restlichen Schwebstoffe im Öl am Boden absetzen und das verbleibende Öl ohne Schwebstoffe abgefüllt werden kann. Grundsätzlich dürfen bei einer nativen Herstellung von Pflanzenölen keine anderen Behandlungsschritte außer Pressen, Waschen, Zentrifugieren und Filtern durchgeführt werden. Nur so behalten die Öle ihre volle Qualität, Vitamine, Lecitin, Aromastoffe, Fettsäuren u. v. m.

Kaltgepresste Öle

Der Begriff „kaltgepresst" ist übrigens nicht geschützt! Lediglich für Olivenöl gibt es eine eigene EU-Richtlinie, die das Herstellungsverfahren und die Bezeichnung genau festlegt. Diese Herstellungsverfahren bei der Kaltpressung sind schonend, aber zeitaufwändig, und der Ertrag an Pflanzenöl ist wesentlich geringer als bei der Heißpressung oder Extraktion. Hier wird durch Erhitzen des Pflanzenguts bzw. durch den Einsatz von Lösungsmitteln wesentlich mehr Öl aus dem Pflanzenmaterial gewonnen, allerdings werden durch das Erhitzen die Fettketten transformiert bzw. können Lösungsmittelrückstände zurückbleiben.

Raffinierte Öle

Dabei handelt es sich um chemisch gereinigte fette Öle. Das Endprodukt ist ein klares, geschmacks- und geruchsneutrales, lagerfähiges Öl. Bei diesem Vorgang wird jedoch ein Großteil der wichtigen Vitamine, Geschmacks- und Fettbegleitstoffe zerstört. Sonnenblumen- oder Maiskeimöle aus dem Supermarkt, die zum Braten oder Frittieren angepriesen werden, sind raffinierte Öle. Wenn Sie native Pflanzenöle verwenden, müssen Sie darauf achten, dass nicht alle Pflanzenöle erhitzt werden dürfen!

Zum Braten und Frittieren besonders geeignet (sehr hitzestabil):
- natives Kokosöl kbA

Zum Dünsten und schonenden Braten geeignet:
- natives Bio-Olivenöl
- natives Bio-Sesamöl
- natives Bio-Erdnussöl
- natives Bio-Traubenkernöl

Folgende native Pflanzenöle sollten nicht erhitzt werden. Sie können diese für Salate und Saucen verwenden oder fertige warme Speisen damit verfeinern:
- natives Bio-Distelöl
- natives Bio-Hanföl
- natives Bio-Haselnussöl
- natives Bio-Kürbiskernöl
- natives Bio-Leinöl
- natives Bio-Macadamianussöl
- natives Bio-Mandelöl
- natives Bio-Mohnöl
- natives Bio-Rapsöl
- natives Bio-Sonnenblumenöl
- natives Bio-Walnussöl

Lieber vermeiden

Wir verwenden aus Prinzip keine Margarine oder raffinierten Fette und Öle. Diese sind zwar günstiger, sehr hitzebeständig sowie lange lagerfähig. Aber zu welchem Preis? Die Gewinnung industrieller Pflanzenöle erfolgt meist über chemische Extraktion, da hier der Ertrag mit fast 99 % weit höher liegt als bei nativer Kaltpressung. Dann werden in aufwändigen chemischen und thermischen Verfahren (raffinieren) die Rohstoffe (Fette und Öle) gereinigt, wobei ein Großteil der wertvollen Fettbegleitstoffe und Vitamine zerstört wird. Das bedeutet, das Endprodukt ist ein klares, geschmacks- und geruchsneutrales, lagerfähiges Öl. Margarine hat als Ausgangsstoff raffinierte Pflanzenöle, Trinkwasser und verschiedene Emulgatoren. Da Pflanzenöle bei Zimmertemperatur flüssig sind, muss die Margarine zusätzlich einem Härtungsprozess unterzogen werden. Mit der Zugabe von Emulgatoren wird erreicht, dass die Margarine streichfähig bleibt. Zuletzt werden dann noch Farb- und Konservierungsstoffe sowie Vitamine zugesetzt. All diese Verfahrensschritte verändern die ursprüngliche Zusammensetzung der Fettstruktur stark. So werden z. B. bei den Hitzeverfahren Transfette gebildet, die vom Körper nicht verstoffwechselt werden können.

Auf beste Qualität achten

Unser Motto lautet daher, warum auf denaturierte Lebensmittel zurückgreifen, wenn uns die Natur mit nativen Pflanzenölen schon alles zur Verfügung stellt, was wir brauchen? Wer z. B. Fandler-Öle genießt, kann sich auf ihre einzigartige Qualität verlassen. Gesunde, saubere, ausgereifte Kerne, die Erfahrung und das Fingerspitzengefühl der Pressmeister und die traditionsreiche Stempelpresse sind der Mix, aus dem der Tropfen Vollkommenheit gewonnen wird.

Ölmühle Fandler GmbH
Prätis 1, 8225 Pöllau, Steiermark, Austria
Telefon +43.3335.2263, Fax +43.3335.22635
info@fandler.at, www.fandler.at

Zucker

Zucker ist ebenfalls ein viel diskutiertes Thema. Viele von uns lieben Süßspeisen und verzichten ungern auf die „süße Sünde" nach dem Essen. Auch in unserem Aromakochbuch finden sich eine Reihe köstlicher Desserts. Damit auch Diabetiker und kalorienbewusste Menschen unsere Naschereien genießen können, haben wir als Ersatz für Zucker eine lange erprobte, aber noch nicht weit verbreitete Lösung anzubieten – „Birkenzucker", auch Xylitol genannt. Xylitol wurde 1891 vom deutschen Chemiker Emil Fischer entdeckt. „Birkenzucker" ist ein Zuckeraustauschstoff, der zur Gruppe der Zuckeralkohole gehört. Er wird mit chemischen Verfahren (katalytische Hydrierung) aus Holzzucker (Xylose) hergestellt. Der umgangssprachliche Name „Birkenzucker" entwickelte sich aus der Tatsache, dass dieser Stoff anfangs vor allem aus finnischen Birken gewonnen wurde. Tatsächlich befindet sich „Birkenzucker" in natürlicher Form in vielen Früchten, Beeren, Bäumen, Gemüse und Getreide. Industriell wird „Birkenzucker" heute in großen Mengen auch aus Maisspindeln (Kolben ohne Körner) hergestellt. In diesem Fall ist wichtig, dass der Mais gentechnikfrei kultiviert wurde. Insgesamt ist die Herstellung von „Birkenzucker" ein technisch relativ aufwändiger Prozess, der ein besonders reines Endprodukt liefert, weshalb dieser Zuckerersatz im Vergleich zu Haushaltszucker auch teurer ist.

Die Vorteile gegenüber Roh- oder Haushaltszucker liegen auf der Hand:
- „Birkenzucker" hat dieselbe Süßkraft wie Zucker und erfordert daher keine Umstellung bezüglich der Anwendung und Dosierung.
- Der Nährwert von 10 kJ/g (2,4 kcal/g) ist um 40 % geringer als bei Haushaltszucker.
- „Birkenzucker" wirkt insulinunabhängig im menschlichen Stoffwechsel und ist daher für Diabetiker geeignet.
- „Birkenzucker" ist als natürliche Substanz in Pflanzen enthalten. Im menschlichen Körper entsteht es als Zwischenprodukt des Glukosestoffwechsels.
- „Birkenzucker" ist ein Zuckeraustauschstoff, kein Süßstoff, wie z. B. Aspartam und Saccharin.
- Im Gegensatz zu Zucker wirkt „Birkenzucker" basisch im Körper. Er verringert daher das Bakterienwachstum. Vor allem in der Kariesforschung konnte nachgewiesen werden, dass regelmäßige Verwendung von „Birkenzucker" die Kariesbildung verringert (in Kaugummiform oder Bonbons zur Zahnpflegeunterstützung).
- Der Zuckerersatz ist auch für Kinder geeignet.

Die einzigen Einschränkungen: „Birkenzucker" ist für einige Tierarten wie z. B. Hunde unverträglich und für Backwaren aus Hefeteig leider nicht geeignet. Der Karamellisierungspunkt von „Birkenzucker" liegt übrigens bei etwa 200 Grad Celsius. Bei nahezu all unseren Rezepten für Süßspeisen können Sie also die angegebene Menge Zucker durch dieselbe Menge „Birkenzucker" ersetzen.

„Birkenzucker" aus europäischer Laubholzproduktion (als nachwachsender Rohstoff) erhalten Sie in Österreich bei der feeling GmbH.

Im Anhang unseres Buches finden Sie nützliche Inserate, Adressen, Links und weiterführende Literatur zum Thema Zutaten, Lebensmittel und ätherische Öle.

Zeitangaben und Schwierigkeitsgrad

Die Zeitangaben bei den einzelnen Rezepten sind unterteilt in Arbeitszeit (jene Zeit, die man für die Vor- und Zubereitung sowie für das Anrichten des Gerichtes benötigt), Garzeit (während welcher man andere Tätigkeiten erledigen kann) und Wartezeit (zum Marinieren Auskühlen, Festwerden …).

Wenn Sie eine Hauptspeise mit einer Beilage kombinieren, heißt das nicht automatisch, dass Sie für die Gesamtarbeitszeit alle angegebenen Arbeitszeiten addieren. Oft lassen sich Arbeitsschritte so kombinieren bzw. die Garzeiten nutzen, dass sich die Gesamtarbeitszeit verkürzt.

> **Beispiel**
> Hauptspeise: Schweinefilet Aristo
> (45 Min. ohne Marinierzeit)
> Beilage: Karottenreis Oriental (15 Min.)
> Arbeitszeit gesamt: 45 Min.

Die Karotten bereiten Sie vor, bevor Sie mit dem Anbraten des Fleisches beginnen. Während das Fleisch im Backofen ist, stellen Sie den Reis zu und bereiten gleichzeitig die Karotten in der Pfanne zu. Reis und Fleisch werden fast gleichzeitig fertig. Fleisch aus dem Backofen nehmen und rasten lassen. Reis und Karotten mischen, abschmecken und warm halten. Sauce fertigstellen und dann alles anrichten. Arbeitszeit gesamt: 45 Min.

Der Schwierigkeitsgrad der Gerichte ist mit leicht, mittel und aufwändig definiert. Mit dieser Angabe möchten wir Ihnen die Planung und Vorbereitung Ihres kulinarischen Streifzugs durch die Aromaküche erleichtern. Wir wünschen Ihnen viel Freude bei der Umsetzung!

Rezeptteil

Begriffserklärungen deutsch – österreichisch

Deutsch	Österreichisch
Auberginen	Melanzani
Biskuitkrümel	Biskuitbrösel
Blumenkohl	Karfiol
Cocktail- oder Cherrytomaten	Kirschparadeiser
Feldsalat	Vogerlsalat
Hackfleisch	Faschiertes
Hefe	Germ
Kartoffeln	Erdäpfel
Kastanien	Maroni
Klöße	Knödel
Lauch	Porree
Löffelbiskuits	Biskotten
Maisgrieß	Polenta
Maisstärke	Maizena
Noilly Prat	französischer Wermut
Paniermehl	Semmelbrösel
Pfifferlinge	Eierschwammerln
Quark	Topfen
Rotkohl	Rotkraut
Sahne	Obers
Saure Sahne	Sauerrahm
Tomaten	Paradeiser
Weißkohl	Weißkraut
Wirsing	Kohl

Kalte Vorspeisen

Alle Rezepte sind für 4 Portionen gedacht.

Avocadosalat mit Shrimps und Limettenöl-Dressing

Arbeitszeit: 40 Min. • **Wartezeit:** 2–3 Std. • **Schwierigkeitsgrad:** Leicht

Zutaten

- 1 reife Avocado
- 1 rote Paprikaschote
- 1 grüne Paprikaschote
- einige schwarze Oliven (entkernt aus dem Glas)
- 1 kleine rote Zwiebel
- 120 g Gouda
- 200 g Shrimps, gekocht

Marinade

- 4 EL Balsamico-Essig
- 1 Prise Meersalz
- 1 Prise schwarzer Pfeffer
- 8 EL Olivenöl
- 3–4 Tr. Limettenöl

- Avocado halbieren, entkernen, Fruchtfleisch aus der Schale lösen und in kleine Würfel schneiden, die Schale beiseitelegen.
- Paprikaschoten waschen, entkernen und ebenfalls in kleine Würfel schneiden. Oliven kleinwürfelig schneiden. Zwiebel schälen und möglichst fein schneiden. Zuletzt den Gouda in kleine Würfel schneiden.
- Für die Marinade Balsamico-Essig, Salz und Pfeffer in eine Salatschüssel geben und mit einem Quirl gut verrühren. Das Olivenöl mit dem ätherischen Limettenöl emulgieren und zum Balsamico-Essig geben, nochmals gut verquirlen.
- Die Shrimps und alle vorbereiteten Zutaten zur Marinade in die Schüssel geben und gut vermengen. Im Kühlschrank 2–3 Stunden ziehen lassen.
- Salat 30 Minuten vor dem Anrichten aus dem Kühlschrank nehmen und in den Avocadoschalen bzw. in kleinen Schüsselchen mit Toastecken anrichten.

Tipp:
Für die vegane Variante einfach die Shrimps weglassen und den Gouda durch hochwertigen Tofu ersetzen.

Tipp:
Sie können die Shrimps auch durch Flusskrebse ersetzen.

Kalte Vorspeisen | Salate

Carpaccio von Tomaten und Avocados

ZUTATEN

5–6	Tomaten
2	Avocados
200 g	Weichkäse (Ziegen- oder Schafkäse aus der Region)
1 Prise	Zitronensalz (siehe S. 36)

MARINADE

2 EL	Balsamico-Essig
½ Tr.	Knoblauchöl („Löffelmethode", siehe S. 21)
2 EL	Olivenöl
1 EL	Zitronenwürzöl (siehe S. 32)

ARBEITSZEIT: 20 MIN. • **SCHWIERIGKEITSGRAD:** LEICHT

- Tomaten in hauchdünne Scheiben schneiden (gelingt sehr gut mit der Brotschneidemaschine oder einem Keramikmesser). Avocados schälen und in dünne Scheiben schneiden, den Käse ebenso in dünne Scheiben schneiden.
- Alles dekorativ auf einer Platte anrichten und mit dem Zitronensalz würzen.
- Für die Marinade Balsamico-Essig mit einem Hauch Knoblauchöl aromatisieren und über die vorbereiteten Zutaten träufeln. Zumindest eine halbe Stunde ziehen lassen.
- Zum Schluss Olivenöl und Zitronenwürzöl über das Carpaccio träufeln.

TIPP:
Mit frischem Weißbrot servieren.

Couscous-Salat

ZUTATEN

1 Tasse	(ca. 100g) Couscous
1	rote Paprikaschote
1	Schalotte
einige Oliven	
3 Tr.	Orangenöl
1 Tr.	Pfefferminzöl
3 EL	Sesamöl
1	kleine Orange
einige Rosinen	
40g	Mandeln
Pfeffer-Orangen-Salz (siehe S. 35)	
2 EL	Essig

ARBEITSZEIT: 20 MIN. • **SCHWIERIGKEITSGRAD:** LEICHT

- Couscous mit kochendem Salzwasser (2 Tassen) übergießen und ca. 20 Minuten ziehen lassen. In der Zwischenzeit Paprikaschote waschen und fein schneiden. Schalotte und Oliven ebenfalls fein schneiden.
- Die ätherischen Öle mit dem Sesamöl emulgieren. Orange schälen, filetieren, die vorbereiteten Zutaten mit Rosinen, Mandeln und dem emulgierten, aromatisierten Öl zum gekochten Couscous geben und gut vermengen.
- Mit Pfeffer-Orangen-Salz und Essig abrunden und in kleinen Schüsseln servieren.

TIPP:
Zusätzlich einige Tropfen Chili-Gewürzöl verleihen dem Gericht einen besonderen Geschmack!

Blattsalat mit Orangenvinaigrette

ZUTATEN

- 200 g Blattsalate der Saison gemischt (Feldsalat = Vogerlsalat, Rucola, Radicchio, Kopfsalat)

VINAIGRETTE

- 4 EL Balsamico-Essig
- 1 Prise Meersalz
- 8 EL kaltgepresstes Bio-Sonnenblumen- oder Bio-Distelöl von der Ölmühle Fandler
- 3–4 Tr. Orangenöl

ARBEITSZEIT: 15 MIN. • **SCHWIERIGKEITSGRAD:** LEICHT

- Salate waschen, mit der Salatschleuder trocken schleudern und – falls nötig – in mundgerechte Stücke zupfen.
- Für die Vinaigrette Balsamico-Essig in einer Salatschüssel mit dem Salz verrühren. Sonnenblumen- oder Distelöl mit dem Orangenöl emulgieren, zum Balsamico-Essig geben und mit einem Quirl gut verrühren.
- Die Blattsalate in der Schüssel gut mit der Vinaigrette vermengen und den Salat sofort anrichten, damit er schön knackig bleibt.

TIPP:
Blattsalate haben wenig Eigengeschmack, die schmackhafte Würze verleiht die Marinade, die Vinaigrette oder das Dressing. Um sicher zu sein, dass wirklich jedes Salatblatt gut mit der Vinaigrette benetzt ist, mischt man Blattsalate am besten mit den bloßen Händen.

TIPP:
Alternativ können Sie statt Sonnenblumen- oder Distelöl mit ätherischem Orangeöl natürlich auch das Sizilia-Würzöl oder Zitronenwürzöl (siehe S. 31) verwenden.

KALTE VORSPEISEN | SALATE

Mozzarellaspieße mit Rohschinken

ZUTATEN

- 250 g Baby-Mozzarella
- 12 Scheiben Rohschinken
- 12 Cocktailtomaten und Oliven
- Basilikumblätter

- 3 EL weißer Balsamico-Essig
- Salz und Pfeffer
- 1 Prise Rohrzucker
- ½ EL Zitronenwürzöl (siehe S. 32)
- 2–3 EL Olivenöl

ARBEITSZEIT: 20 MIN. • **EINWEICHZEIT:** 20 MIN. • **SCHWIERIGKEITSGRAD:** LEICHT

- Baby-Mozzarella, Rohschinken, Cocktailtomaten, Oliven und Basilikumblätter abwechselnd auf die Holzspieße stecken.
- Für die Marinade Essig, Salz, Pfeffer und Rohrzucker verrühren. Das Zitronenöl mit dem Olivenöl emulgieren und gut mit der Marinade verquirlen.
- Die Spieße vor dem Servieren mit der Marinade beträufeln.

TIPP:
Hübsch sehen die Spieße auch aus, wenn man abwechselnd gelbe und rote Cocktailtomaten nimmt.

TIPP:
Holzspieße vor dem Bestücken 20 Minuten in Wasser einweichen.

Rucolasalat mit Zitronenvinaigrette

ZUTATEN

- 200 g Rucolasalat
- 80 g Parmesan
- ev. 4 Scheiben Rohschinken

VINAIGRETTE

- 8 EL Olivenöl
- 3–4 Tr. Zitronenöl
- 4 EL Balsamico-Essig
- Salz und schwarzer Pfeffer
- 1 Apfel

ARBEITSZEIT: 20 MIN. • **SCHWIERIGKEITSGRAD:** LEICHT

- Rucola waschen und in einer Salatschleuder trocken schleudern.
- Für die Vinaigrette das Olivenöl mit dem Zitronenöl emulgieren, mit Balsamico-Essig, Salz und Pfeffer in einer Salatschüssel mit dem Quirl zu einer Vinaigrette verrühren.
- Den Apfel schälen und mit einer Raspel direkt in die Vinaigrette reiben.
- Den Rucola dazugeben und mit der Vinaigrette vermischen, nach und nach den frisch geriebenen Parmesan dazumischen.
- Auf Salattellern mit Grissini, Toastecken und/oder fein geschnittenem Rohschinken anrichten.

TIPP:
Statt dem mit Olivenöl emulgierten ätherischen Zitronenöl können Sie auch 8 EL Zitronenwürzöl (siehe S. 32) verwenden.

Kalte Vorspeisen | Salate

Asia-Topfen-Aufstrich

Zutaten

250 g	Quark (Topfen)
1 TL	Currypulver
1 Prise	Meersalz
2 Tr.	Lemongrassöl
1 EL	natives Sesamöl

Zitronenthymian oder Kapern zum Garnieren

*Tipp:
Wer es schärfer mag, kann den Aufstrich mit ein paar Tropfen Chili-Gewürzöl von feeling abschmecken. Vorsicht – sehr scharf!*

Arbeitszeit: 15 Min. • **Wartezeit:** 2–3 Std. • **Schwierigkeitsgrad:** leicht

- Quark mit dem Currypulver und dem Meersalz gut vermengen. Das Lemongrassöl mit dem Sesamöl emulgieren und unter den Topfen mischen, 2–3 Stunden im Kühlschrank ziehen lassen.
- Aufstrich mindestens 30 Minuten vor dem Anrichten aus dem Kühlschrank nehmen, damit sich das Aroma entfalten kann, dann auf Baguette- oder Pumpernickelscheiben, garniert mit frischen Zweigen Zitronenthymian oder Kapern, anrichten.

*Tipp:
Sie können statt den 2 Tropfen Lemongrassöl auch mit einer Prise Blutorangen-Lemongrass-Salz (siehe S. 34) abschmecken. Das Sesamöl aber trotzdem untermengen – es macht den Aufstrich geschmeidig und gibt ein gutes Aroma.*

Kalte Vorspeisen | Häppchen, Aufstriche & Co

Scharfer Linsenaufstrich

ZUTATEN

150 g	rote Linsen
1	kleines Stück Ingwer
3	Knoblauchzehen
1	kleine Zwiebel
1 EL	Olivenöl zum Andünsten
½ TL	Senfkörner
	Salz und Pfeffer
2 EL	Olivenöl zum Emulgieren
je 1 Tr.	Ingweröl, Lemongrassöl, Zimtöl, Korianderöl
1 TL	Kurkuma
1	Chilischote
½ Tr.	Kreuzkümmelöl
4–5 EL	saure Sahne (Sauerrahm)

ARBEITSZEIT: 30 MIN. • **SCHWIERIGKEITSGRAD:** LEICHT

- Linsen ca. 20 Minuten kochen. In der Zwischenzeit Ingwer schälen und kleinwürfelig schneiden, Knoblauch klein schneiden.
- Zwiebel hacken und in Olivenöl andünsten, Ingwer und Knoblauch dazugeben, Senfkörner ebenfalls hinzufügen und mitrösten, bis sie platzen.
- Die gekochten Linsen unterrühren und mitrösten.
- Den Aufstrich mit Salz, Pfeffer und den in 2 EL Olivenöl emulgierten ätherischen Ölen abschmecken und pürieren. Mit Kurkuma, fein gehackter, von Kernen und weißen Adern befreiter Chilischote, Kreuzkümmelöl und der sauren Sahne verfeinern.

Lavendel-Frischkäse

ZUTATEN

1–2 Tr.	Lavendelöl
1–2 EL	Olivenöl
200 g	Frischkäse
1 Prise	Meersalz
	eventuell ein paar getrocknete Lavendelblüten zum Garnieren

ARBEITSZEIT: 15 MIN. • **WARTEZEIT:** 2–3 STD. • **SCHWIERIGKEITSGRAD:** LEICHT

- Das ätherische Lavendelöl mit dem Olivenöl emulgieren und mit dem Frischkäse gut vermengen. Mit Meersalz abschmecken und 2–3 Stunden im Kühlschrank ziehen lassen.
- Mindestens 30 Minuten vor dem Anrichten aus dem Kühlschrank nehmen, damit sich das Aroma entfalten kann.
- Aufstrich auf kleinen Toastecken, Schwarzbrot- oder Pumpernickelscheiben anrichten, eventuell mit getrockneten Lavendelblüten garnieren.

TIPP:
Zu einem italienischen Vorspeisenteller mit Parmesan, gegrilltem Gemüse und Prosciutto passt dieser Lavendel-Frischkäse sehr gut, dazu reicht man Grissini oder Ciabatta.

Kalte Vorspeisen | Häppchen, Aufstriche & Co

Hummus

Zutaten

1	Dose Kichererbsen (400 g)
100 ml	Suppe
4 EL	Olivenöl
1–2 Tr.	Knoblauchöl
2 Tr.	Zitronenöl
½ Tr.	Kreuzkümmelöl
½ Tr.	Pfefferminzöl

Salz, Pfeffer
1 EL Petersilie, gehackt
2 EL Sesamsamen, geröstet
125 ml saure Sahne (Sauerrahm)

Arbeitszeit: 20 Min.
Schwierigkeitsgrad: leicht

- Von den Kichererbsen 3 EL entnehmen und beiseitegeben, restliche Kichererbsen mit der Suppe pürieren.
- Olivenöl mit den ätherischen Ölen emulgieren, alle Zutaten gut vermengen und würzig abschmecken.

Tipp:
Wer es schärfer mag, kann ein paar Tropfen Chili-Gewürzöl von feeling hinzufügen. Vorsicht, sehr scharf!

Schafkäse Provençale

Zutaten

200 g Schafkäse
2 EL Provence-Würzöl
2 rote Äpfel
Saft von ½ Zitrone
Käsekräcker oder Tortilla-Chips

Arbeitszeit: 20 Min.
Schwierigkeitsgrad: leicht

- Schafkäse in kleine Würfel zerteilen, Würzöl hinzufügen und mit einer Gabel zu einer Paste verrühren.
- Äpfel waschen, Kerngehäuse ausstechen und quer zum Kerngehäuse jeweils in 4 dicke Scheiben schneiden, mit Zitronensaft beträufeln.
- Mit einem Teelöffel auf jede Apfelscheibe ein Schafkäsehäufchen setzen und mit Käsekräckern oder Tortilla-Chips anrichten.

Ei-Thai-Aufstrich

Zutaten

4 hart gekochte Eier
150 g Crème fraîche
150 g fertige Mayonnaise (light)
1 EL Estragonsenf
2 TL Currypulver
1 EL Sesamöl
2–3 Tr. Lemongrassöl
1 Prise Meersalz
Zitronenthymian oder
Petersilienblätter zum Garnieren

Arbeitszeit: 15 Min.
Wartezeit: 2–3 Std.
Schwierigkeitsgrad: leicht

- Die ausgekühlten Eier schälen und fein hacken. Crème fraîche, Mayonnaise, Estragonsenf und Currypulver vermengen. Das Sesamöl mit dem Lemongrassöl emulgieren und daruntermischen. Dann die gehackten Eier unterheben.
- Mit einer Prise Meersalz abschmecken. 2–3 Stunden im Kühlschrank ziehen lassen. Mindestens 30 Minuten vor dem Anrichten aus dem Kühlschrank nehmen, damit sich das Aroma entfalten kann.

Tipp:
Wenn Sie statt Crème fraîche 250 g saure Sahne verwenden, ergibt das eine dickflüssige Sauce, die sich sehr gut als Dipp zu Gegrilltem, Fondue oder frischen Salzkartoffeln eignet.

Kalte Vorspeisen | Häppchen, Aufstriche & Co

Kalte Vorspeisen | Häppchen, Aufstriche & Co

Gemüsespieße mit Rosenmarinade

ZUTATEN

- 12 Cocktailtomaten (Kirschparadeiser)
- 1 gelbe Paprikaschote
- 1 kleine Salatgurke (oder 1 grüne Paprikaschote)
- eventuell Radieschen (saisonal)
- 1 Dose Mozzarellabällchen
- frische Basilikumblätter

MARINADE

- 6 EL Balsamico-Essig
- 12 EL Olivenöl
- 1 Prise Meersalz
- etwas Rosenhydrolat (ist in Sprühflaschen erhältlich)

- 4 Partyspieße aus Holz (20 cm)

ARBEITSZEIT: 30 MIN. • **EINWEICHZEIT:** 20 MIN. • **SCHWIERIGKEITSGRAD:** LEICHT

- Cocktailtomaten waschen, Paprikaschote waschen, entkernen und in Würfel schneiden. Salatgurke waschen, halbieren, entkernen und dickere Scheiben schneiden. Radieschen waschen und in dickere Scheiben schneiden bzw. halbieren (die Gemüsestücke sollten etwa die gleiche Größe haben).
- Die Holzspieße mit den Gemüsestücken, den Mozzarellabällchen (eventuell halbieren) und Basilikumblättern bunt bestücken (auf jedem Spieß sollten gleich viele Mozzarellabällchen und Cocktailtomaten aufgespießt sein).
- Für die Marinade Balsamico-Essig, Olivenöl und Salz gut verrühren und auf einen flachen Teller geben.
- Die Gemüßespieße von allen Seiten gut durch die Marinade ziehen, mit ein paar Sprühern Rosenhydrolat aromatisieren und auf Desserttellern anrichten, sofort mit einer Toastecke servieren.

TIPP:
Für die vegane Variante einfach die Mozzarellabällchen weglassen oder diese durch Tofuscheiben austauschen.

TIPP:
Man kann die Zutaten übrigens leichter auf die Holzspieße stecken, wenn man diese vorher 20 Minuten in Wasser einweicht.

KALTE VORSPEISEN | HÄPPCHEN, AUFSTRICHE & CO

Warme Vorspeisen und Suppen

Alle Rezepte sind für 4 Portionen gedacht.

Pilz-Frühlingsrolle

Arbeitszeit: 45 Min. • **Schwierigkeitsgrad:** Aufwändig

Zutaten

Fülle
- 200 g Pilze (Steinpilze, Champignons, etc.)
- 1 Schalotte oder 1 kleine Zwiebel
- 1 EL Öl
- 1 Tr. Knoblauchöl
- 1 Tr. Thymianöl ct.* Linalool
- 1 Tl Olivenpaste
- Salz und Pfeffer

Reispapierblätter oder Strudelteigblätter
- 1 Eiweiß oder Wasser zum Bestreichen
- reichlich Öl und Butterschmalz zum Ausbacken

„ct." steht für Chemotyp. Da es auch andere Chemotypen von Thymianöl gibt, die aber für die Verwendung in der Küche nicht geeignet sind, bitte auf diese Bezeichnung achten (siehe auch die Erklärung auf S. 9).

- Pilze in Würfel schneiden, Schalotte bzw. Zwiebel fein hacken und in einer Pfanne ohne Öl mit den Pilzen anbraten. Abkühlen lassen, die mit Öl emulgierten ätherischen Öle und die Olivenpaste dazugeben. Gut mit Salz und Pfeffer würzen.

- Die Fülle auf die mit Wasser oder verquirltem Eiweiß bestrichenen Reispapier- oder Strudelteigblätter geben, einrollen und die Röllchen im Öl-Butterschmalz-Gemisch ausbacken.

Variante:

Strudelteigkörbchen mit Pilzfülle

- Vorgeschnittene Strudelteigblätter in heißem Fett (Kokosöl) ausbacken. Dazu in einem höheren Topf (Durchmesser 20 cm – Höhe 12–14 cm) Kokosöl auf 180–200 °C erhitzen.

- Einen dicken Korken (Durchmesser 4 cm, Höhe 3 cm) auf eine Stricknadel spießen, ein Strudelteigstück darüberlegen und kurz ins heiße Fett eintauchen und backen. Dann die Teigkörbchen füllen und anrichten.

Orangierte Datteln im Speckmantel

Zutaten

- 16 Datteln
- Orangenzucker
- 16 Scheiben Frühstücksspeck
- 16 Zahnstocher

Arbeitszeit: 20 Min. • **Schwierigkeitsgrad:** leicht

- Die Datteln entkernen und jeweils mit einer Messerspitze Orangenzucker füllen.
- Danach die Datteln mit einer Scheibe Frühstücksspeck umwickeln.
- Die Speckdatteln in einer Pfanne ohne Öl rundherum knusprig anbraten und auf Zahnstochern aufgespießt warm servieren.

Vegane Variante:

- Orangierte Datteln mit gehobelten Zucchinischeiben umwickeln und in einer Pfanne in 2 EL Olivenöl anbraten.

Tipp:
Sie können diese Vorspeise schon fertig zubereiten und kurz bevor die Gäste kommen noch einmal für 5 bis 10 Minuten bei 100 °C im Backofen aufwärmen.

Spaghetti mit Shrimps-Sauce

ZUTATEN

500 g	Spaghetti

SAUCE

1	kleine Zwiebel
1 EL	Olivenöl
250 g	Shrimps
125 ml	Fischfond
250 ml	Sahne (Obers)
1 TL	Zitronenwürzöl (siehe S. 32)
1 Tr.	Koriandersamenöl
½ TL	Paprikapulver
½	getrocknete Chilischote

ARBEITSZEIT: 15 MIN. • **SCHWIERIGKEITSGRAD:** LEICHT

- Spaghetti in kochendem Salzwasser bissfest garen.
- Zwiebel fein schneiden, in heißem Olivenöl anbraten, Shrimps dazugeben und durchrösten.
- Mit Fischfond und Sahne ablöschen. Mit Zitronenwürzöl und Koriandersamenöl sowie Paprikapulver und fein gehackter Chilischote abschmecken.
- Sauce unter die abgeseihten, gut abgetropften Spaghetti rühren und servieren.

Nudeln mit Zucchini-Rahmsauce

ZUTATEN

500 g	Spaghetti oder Bandnudeln
1	Scheibe (1 cm) Hamburgerspeck
1 EL	Öl
1	kleine Zwiebel
1	Knoblauchzehe
1 Tr.	Thymianöl ct. Linalool (siehe Erklärung S. 62)
1	EL Sahne
2	kleine Zucchini
1	Zweig Thymian
1	Eckerl Streichkäse (natur)

ARBEITSZEIT: 20 MIN. • **SCHWIERIGKEITSGRAD:** LEICHT

- Nudeln in kochendem Salzwasser bissfest garen.
- Den Speck in kleine Würfel schneiden und in wenig Öl anbraten. Kleinwürfelig geschnittene Zwiebel und den in Scheiben geschnittenen Knoblauch dazugeben und kurz mitrösten.
- Einen Tropfen Thymianöl mit Sahne emulgieren und in die Speck-Knoblauch-Zwiebel-Masse gießen.
- Die gewaschenen, geraspelten Zucchini sowie den Thymianzweig dazugeben und leicht aufkochen lassen.
- Zum Schluss den Käse einrühren, damit die Sauce sämig wird.
- Mit den abgeseihten, gut abgetropften Spaghetti oder Bandnudeln vermengen und servieren.

Indische Fleischbällchen mit aromatisierter Sauce

Arbeitszeit: ¾ Std. • **Wartezeit:** 4 Std. • **Schwierigkeitsgrad:** Aufwändig

Zutaten

Fleischbällchen
- 1 große Zwiebel
- 1 kg gemischtes Hackfleisch (Faschiertes)
- 1 Ei
- 1 TL Meersalz
- 1 TL Korianderpulver
- 1 TL Kreuzkümmelpulver
- ½ TL Kardamompulver
- 1–2 EL Paniermehl (Semmelbrösel)

kaltgepresstes Bio-Sesamöl von der Ölmühle Fandler zum Braten

Sauce
- 250 ml saure Sahne (Sauerrahm)
- 1 Messerspitze Blutorangen-Lemongrass-Salz (siehe S. 34)
- frische Pfefferminzblätter oder ½ Tr. Pfefferminzöl

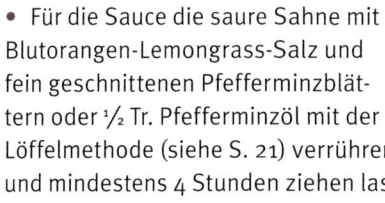

- Für die Sauce die saure Sahne mit Blutorangen-Lemongrass-Salz und fein geschnittenen Pfefferminzblättern oder ½ Tr. Pfefferminzöl mit der Löffelmethode (siehe S. 21) verrühren und mindestens 4 Stunden ziehen lassen.
- Für die Fleischbällchen die Zwiebel ganz fein schneiden. Das Hackfleisch mit Ei, Zwiebel und Gewürzen vermischen, so viel Paniermehl dazugeben, dass eine gut formbare Masse entsteht.
- Mit einem Teelöffel Portionen vom Hackfleisch ausstechen und diese mit kalten, nassen Händen zu kleinen Bällchen formen.
- Diese Bällchen rundum im erwärmten kaltgepressten Sesamöl braten. Die Bällchen lauwarm gemeinsam mit der Sauce servieren.

Tipp:
Sie können die Bällchen auch schon am Vortag zubereiten und im Kühlschrank lagern. Vor dem Servieren 15–20 Minuten bei 110 °C im Backofen aufwärmen (lauwarm) und dann mit der Sauce servieren.

Warme Vorspeisen und Suppen | warme Häppchen

Zucchinilaibchen (vegetarisch)

ZUTATEN

ca. 300 g Zucchini
1 Ei
½ Tr. Estragonöl
(Löffelmethode, siehe S. 21)
2 Tr. Knoblauchöl
1 EL Estragon, gehackt
80 g Mehl
110 g Grieß oder Paniermehl (Semmelbrösel)
Salz, Pfeffer
Öl oder Butterschmalz zum Braten

ARBEITSZEIT: 20 MIN. • **WARTEZEIT:** 15 MIN. • **SCHWIERIGKEITSGRAD:** LEICHT

- Zucchini fein reiben, salzen und ein paar Minuten stehen lassen, danach gut ausdrücken.
- Zucchini mit dem Ei, den ätherischen Ölen, dem gehackten Estragon sowie mit dem Mehl und dem Grieß oder dem Paniermehl vermischen. Gut salzen und pfeffern und 15 Minuten rasten lassen.
- Aus der Masse mit nassen Händen Laibchen formen und diese in heißem Öl oder Butterschmalz auf beiden Seiten knusprig braten.

TIPP:
Dazu passt Tomatensauce oder ein einfacher Knoblauchdip.

Warme Vorspeisen und Suppen | warme Häppchen

Karottensuppe
mit Limettenöl und Räucherforelle

ZUTATEN

400 g	Karotten
½	Zwiebel oder 3 Schalotten
3 EL	Olivenöl
½	Chilischote
100 ml	Weißwein
250 ml	Hühnerfond/Gemüsefond
2 Tr.	Knoblauchöl
½ Tr.	Thymianöl ct. Linalool (Löffelmethode, siehe S. 21)
½ Tr.	Rosmarinöl ct. 1,8 Cineol (Löffelmethode, siehe S. 21)
1 Tr.	Vanille-Extrakt in Alkohol (10:90)
250 ml	Kokosmilch
Salz, Pfeffer	
40 g	Butter
125 ml	Sahne (Obers)
1 Tr.	Limettenöl
150 g	Räucherforelle

ARBEITSZEIT: 45 Min. • **SCHWIERIGKEITSGRAD:** LEICHT

• Karotten waschen, schälen und in Scheiben schneiden. Zwiebel bzw. Schalotten schälen und fein würfeln. Olivenöl erhitzen, die Schalotten und die Karottenscheiben darin anschwitzen, fein geschnittene Chilischote (ohne Kerne!) dazugeben.
• Mit Weißwein ablöschen, mit dem Hühner- oder Gemüsefond aufgießen. Die Karotten und Schalotten darin weich kochen und anschließend fein pürieren.
• Knoblauch-, Thymian- und Rosmarinöl sowie das Vanille-Extrakt mit der Kokosmilch emulgieren und mit der Suppe vermischen. Mit Salz und Pfeffer abschmecken.
• Kurz vor dem Servieren die kalte Butter zur Suppe geben und aufmixen.
Sahne mit 1 Tr. Limettenöl steif schlagen. Die Suppe damit garnieren und mit dem Räucherfisch als Einlage servieren.

TIPP:
Auch Croûtons passen gut als Einlage.

Kürbis-Apfel-Suppe

ARBEITSZEIT: 20 MIN. • **GARZEIT:** CA. 30 MIN.
SCHWIERIGKEITSGRAD: LEICHT

ZUTATEN

200 g	Kürbis (Hokkaido, Muskatkürbis …)
1 kleine	Zwiebel
1 EL	Butter
1 EL	Kokosöl kbA
1	Apfel (Cox Orange)
125 ml	trockener Weißwein
¹⁄₁₆ l	Calvados
750 ml	Gemüsefond
1 Prise	Salz
1 Prise	Pfeffer
2 EL	Crème fraîche oder saure Sahne (Sauerrahm)
1 TL	Maisstärke (Maizena)
10 cl	Sahne (Obers)
½ Tr.	Thymianöl ct. Linalool (Löffelmethode, siehe S. 21)
½ Tr.	Rosmarinöl ct. 1,8 Cineol (Löffelmethode, siehe S. 21)
2 Tr.	Muskatnussöl

• Kürbis schälen und in kleine Stücke schneiden. Zwiebel fein schneiden und in Butter und Kokosöl glasig anbraten. Kürbisstücke sowie den geschälten und fein geschnittenen Apfel dazugeben und kurz mitrösten lassen.

• Mit Weißwein und Calvados ablöschen, mit dem Gemüsefond auffüllen und gut würzen, kochen lassen, bis die Kürbis- und Apfelstücke weich sind.

• Crème fraîche mit Maisstärke verrühren und zur Suppe geben. Sahne mit den ätherischen Ölen emulgieren, ebenfalls zur Suppe geben und diese pürieren, danach durch ein Sieb passieren und heiß servieren.

TIPP:
Mit ein paar Tropfen Kürbiskernöl und gedünsteten, mit Vanilleöl aromatisierten Apfelscheiben schmeckt diese Suppe besonders gut.

Warme Vorspeisen und Suppen | Suppen

Kürbiskraftsüppchen

ARBEITSZEIT: 20 Min. • **GARZEIT:** ca. 35 Min. • **SCHWIERIGKEITSGRAD:** Mittel

ZUTATEN

500 g	Kürbis (Hokkaido)
2	mittelgroße Zwiebeln
2–3 EL	Olivenöl
	Wasser oder Gemüsesuppe zum Aufgießen
	einige Safranfäden
200 ml	Crème fraîche
2 Tr.	Koriandersamenöl
1 Tr.	Ingweröl CO_2-extrahiert (siehe S. 11)
1 Prise	Meersalz

TIPP:
Für die vegane Variante statt Crème fraîche einfach Sojamilch verwenden: 3–4 EL Sojamilch mit den ätherischen Ölen vermengen, mit dem Schneebesen unterrühren.

TIPP:
Auch diese Suppe lässt sich bis auf das Abschmecken mit der Crème-fraîche-Öl-Mischung schon am Vortag gut vorbereiten.

- Den Kürbis waschen, halbieren, entkernen und mit der Schale (das ergibt eine intensivere Farbe der Suppe) in Würfel schneiden, eventuell schadhafte Teile der Schale entfernen.
- Die Zwiebeln fein schneiden. In einem Suppentopf das Olivenöl sanft erhitzen und die Zwiebeln bei milder Hitze (das Olivenöl darf keinesfalls zu heiß werden!) goldgelb anschwitzen. Dann die Kürbiswürfel dazugeben. Kurz durchschwenken und mit so viel Wasser oder Gemüsesuppe aufgießen, dass die Kürbiswürfel gerade mit Wasser bedeckt sind.
- Die Safranfäden zerreiben und dazugeben. So lange köcheln, bis der Kürbis und die Schale schön weich sind, danach fein pürieren. Diese Suppe noch einmal aufkochen (sollte die Suppe zu dickflüssig sein, mit Gemüsesuppe aufgießen).
- Inzwischen Crème fraîche mit den ätherischen Ölen emulgieren. Den Topf mit der Suppe von der heißen Platte nehmen und die Crème-fraîche-Öl-Mischung mit dem Schneebesen in die Suppe einrühren. Mit Meersalz abschmecken in Suppentellern oder Suppentassen sofort servieren.

TIPP:
Mit 1 TL steif geschlagener Sahne (Obers) und einigen Tropfen Kürbiskernöl kann man die Suppe verfeinern.

WARME VORSPEISEN UND SUPPEN | SUPPEN

Kalte Gurkensuppe mit Koriandersamenöl

Arbeitszeit: 20 Min. • **Wartezeit:** 2–3 Std. • **Schwierigkeitsgrad:** leicht

Zutaten

2	Salatgurken
1 Prise	Meersalz
1 Prise	Pfeffer
3 EL	Dill, fein geschnitten
500 ml	saure Sahne (Sauerrahm)
3–5 Tr.	Koriandersamenöl
1 EL	Olivenöl
125 ml	steif geschlagene Sahne (Obers)
einige Dillspitzen zum Garnieren	

- Salatgurken schälen, halbieren, entkernen und in kleine Stücke schneiden. Danach die Gurkenstücke pürieren.
- Meersalz, Pfeffer, Dill sowie saure Sahne zugeben und nochmals mixen. Im Kühlschrank mehrere Stunden kalt stellen.
- 30 Minuten vor dem Anrichten aus dem Kühlschrank nehmen, das Koriandersamenöl mit dem Olivenöl emulgieren und mit dem Pürierstab in der Suppe verteilen.
- In Suppentellern mit steif geschlagener Sahne und Dillkraut garniert anrichten.

Rieslingschaumsuppe mit Zimtöl

Arbeitszeit: 15 Min. • **Garzeit:** ca. 20 Min. • **Schwierigkeitsgrad:** leicht

Zutaten

2	mittelgroße Zwiebeln
4 EL	Butter
500 ml	Riesling
500 ml	Rindsuppe
150 g	Crème fraîche
1 Tr.	Zimtöl (Ceylonqualität, CO_2-extrahiert, siehe S. 11)
1 Prise	Muskatnuss, gerieben
1 Prise	Meersalz
1 Prise	weißer Pfeffer

- Die Zwiebeln schälen und feinwürfelig schneiden. Die Butter in einem Suppentopf erhitzen und die Zwiebeln darin goldgelb anschwitzen.
- Mit Riesling ablöschen und mit der Rindsuppe aufgießen, aufkochen und 15–20 Minuten köcheln lassen.
- Inzwischen Crème fraîche mit dem Zimtöl und dem geriebenen Muskat anrühren.
- Den Topf vom Herd nehmen, Crème fraîche mit dem Schneebesen in die Suppe einrühren, mit Meersalz und Pfeffer abschmecken, mit einem Pürierstab aufschäumen und in Suppentellern oder -tassen sofort servieren.

Tipp:
Sie können die Suppe mit steif geschlagener Sahne (Obers) oder mit Schwarzbrot-Croûtons garniert servieren.

Tipp:
Für eine vegane Variante statt der Crème fraîche einfach 3–4 EL Sojamilch verwenden (siehe auch S. 74).

Indische Tomatensuppe

Arbeitszeit: 20 Min. • **Garzeit:** 20 Min. • **Schwierigkeitsgrad:** Mittel

Zutaten

- 2 mittelgroße Zwiebeln
- 2 kleine Knoblauchzehen
- 3 EL feeling Kokosöl kbA
- 1 getrocknete Chilischote (fakultativ)
- 1 TL Kreuzkümmelpulver
- 250 ml Kokosmilch
- 750 g passierte Tomaten (aus der Dose)
- 4 Tr. Koriandersamenöl
- 2 Tr. Kardamomöl
- 1 Tr. Zimtrindenöl (CO$_2$-extrahiert, siehe S. 11)
- 1 Prise Meersalz
- einige frische Pfefferminzblätter zum Garnieren

• Zwiebeln und Knoblauchzehen schälen und fein hacken. In einem Suppentopf das Kokosöl erhitzen und die Zwiebeln darin goldbraun rösten. Dann den Knoblauch (und, falls gewünscht, die ganze Chilischote) dazugeben und kurz anschwitzen, den Knoblauch nicht zu lange rösten, da er sonst bitter wird.

• Den Topf von der heißen Platte nehmen und den Kreuzkümmel einrühren. 2 EL der Kokosmilch beiseitegeben. Mit der restlichen Kokosmilch die Zwiebel-Knoblauch-Mischung ablöschen und den Topf wieder auf die Herdplatte stellen.

• Unter ständigem Rühren die passierten Tomaten dazugeben. Alles bei mittlerer Hitze etwa 20 Minuten köcheln lassen. Falls die Chilischote dazugegeben wurde, diese nun aus der Suppe fischen.

• Anschließend die Suppe mit dem Pürierstab fein pürieren, den Topf von der heißen Platte nehmen, die ätherischen Öle mit den 2 EL Kokosmilch emulgieren und damit die Suppe verfeinern.

• Suppe mit Meersalz würzen und mit fein gehackten Pfefferminzblättern in Suppentellern oder -tassen anrichten, sofort servieren.

Tipp:
Wenn manche Gäste die Suppe noch schärfer mögen, stellen Sie einfach feeling Chili-Gewürzöl auf den Tisch. Mit 1–2 Tropfen kann jeder seine Suppe nach Belieben würzen!

Warme Vorspeisen und Suppen | Suppen

Warme Vorspeisen und Suppen | Suppen

Tomaten-Fenchel-Suppe

ARBEITSZEIT: 20 MIN. • **GARZEIT:** CA. 30 MIN. • **SCHWIERIGKEITSGRAD:** LEICHT

ZUTATEN

1	Zwiebel
1	Knoblauchzehe
1 EL	Olivenöl
1	Fenchelknolle
500 g	vollreife Tomaten
3–4	Safranfäden
1	Spritzer Tomatenessig
125 ml	Weißwein
500 ml	Gemüsefond
1 TL	Zucker
1 Prise	Salz
1	Spritzer Tabasco (fakultativ)
1 Tr.	Fenchelöl süß
3 Tr.	Pfefferöl schwarz
125 ml	Sahne (Obers)

- Zwiebel und Knoblauch fein schneiden, in Olivenöl anschwitzen. In Scheiben geschnittenen Fenchel, die würfelig geschnittenen Tomaten und Safranfäden dazugeben und durchrösten.
- Mit Essig und Weißwein ablöschen und mit Gemüsefond aufgießen, 30 Minuten kochen lassen.
- Die Suppe pürieren, passieren und mit Zucker, Salz und eventuell mit Tabasco abschmecken.
- Das Fenchel- und das Pfefferöl mit der Sahne emulgieren und in die Suppe einrühren.

TIPP:
Als Suppeneinlage schmecken getrocknete, in Streifen geschnittene Tomaten sehr gut.

Blumenkohlsuppe mit Kokosmilch und Ingweröl

Arbeitszeit: 20 Min. • **Garzeit:** 15–20 Min. • **Schwierigkeitsgrad:** Mittel

Zutaten

500 g	Blumenkohl (Karfiol)
2	Zitronenscheiben
1	Lorbeerblatt
100 ml	Kochsud* oder Gemüsesuppe
500 ml	Kokosmilch
200 ml	Crème fraîche
2 Tr.	Ingweröl (destilliert, siehe S. 10)
1 Tr.	Ingweröl (CO_2-extrahiert, siehe S. 11)
1–2 TL	Currypulver
1 Prise	Meersalz

*Achtung: Der Kochsud enthält Blähstoffe!

- Den Blumenkohl von Blättern befreien und in kleinere Röschen teilen. In kochendem Salzwasser mit den Zitronenscheiben und dem Lorbeerblatt weich kochen. Sobald die Röschen weich sind, diese mit einem Siebschöpfer herausheben und den Kochsud beiseitestellen.
- Die Röschen portionsweise mit dem Kochsud oder der Gemüsesuppe und der Kokosmilch im Mixer pürieren und in einen zweiten Suppentopf füllen. Falls die Suppe zu dickflüssig ist, einfach mit noch ein wenig mehr Kochsud oder Gemüsesuppe aufgießen und noch einmal kurz aufkochen.
- Den Topf von der heißen Platte nehmen. Crème fraîche mit den ätherischen Ölen sowie dem Currypulver verrühren und mit einem Schneebesen in die Suppe einrühren.
- Mit Meersalz abschmecken und in Suppentellern oder Suppentassen servieren.

Tipp:
Zur Garnierung eventuell 100 ml Sahne (Obers) mit 1–2 Tr. ätherischem Öl vom schwarzen Pfeffer steif schlagen und jeweils einen Löffel davon auf die Suppe setzen.

Tipp:
Sollten Sie Gäste zu einem mehrgängigen Menü eingeladen haben, kann es sinnvoll sein, einiges schon am Vortag vorzubereiten. Diese Suppe kann bis auf das Zufügen der Crème fraîche schon am Vortag zubereitet werden. Die Suppe über Nacht kühl lagern, kurz vor dem Servieren einmal aufkochen und mit der Crème-fraîche-Würzmischung verfeinern und anrichten.

Tipp:
Für die vegane Variante verwenden Sie statt Crème fraîche einfach Sojamilch. Dazu 3–4 EL mit dem Currypulver und den ätherischen Ölen vermengen und mit dem Schneebesen unterrühren.

Mangosüppchen mit Lemongrass- und Zimtöl

Zutaten

2	reife Mangos
1	mittelgroße Zwiebel
2	kleine Knoblauchzehen
2 EL	Butter
125 ml	Weißwein
1 l	Rind- oder Gemüsesuppe
1	Chilischote
4 EL	Sahne (Obers) oder 1 EL Crème fraîche
1–2 Tr.	Lemongrassöl
1–2 Tr.	Koriandersamenöl
1 Tr.	feeling Zimtöl CO_2-extrahiert (siehe S. 11)
1 Prise	Meersalz
1 Prise	weißer Pfeffer

Arbeitszeit: 20 Min. • **Garzeit:** 15–20 Min. • **Schwierigkeitsgrad:** Mittel

- Die Mangos schälen, Fruchtfleisch vom Kern schneiden und würfelig schneiden.
- Zwiebel und Knoblauch schälen und feinwürfelig schneiden. Die Butter in einem Suppentopf erhitzen, die Zwiebel darin goldbraun anschwitzen, den Knoblauch zugeben und kurz durchrösten.
- Dann die Mangowürfel dazugeben und für einige Minuten leicht andünsten. Mit Weißwein ablöschen, mit der Rind- oder Gemüsesuppe aufgießen und die gewaschene, ganze Chilischote zugeben, 15–20 Minuten köcheln lassen, dann die Chilischote herausfischen und die Mangosuppe im Mixer pürieren.
- Die pürierte Suppe noch einmal kurz aufkochen, dann den Topf von der heißen Platte nehmen.
- Sahne oder Crème fraîche mit den ätherischen Ölen vermischen und mit einem Schneebesen in die Suppe einrühren.
- Mit Salz und Pfeffer abschmecken und in Suppentellern oder -tassen sofort servieren.

Tipp:
Sehr schön sieht es aus, wenn man zerstoßene rote Pfefferkörner über die Suppe streut.

Tipp:
Auch diese Suppe lässt sich bis auf das Zufügen der Sahne-Öl-Mischung schon am Vortrag zubereiten.

Warme Vorspeisen und Suppen | Suppen

Zucchinicremesuppe
mit Lemongrassöl und Scampispießen

Zutaten

1	kleine Zwiebel
1	Knoblauchzehe
2 EL	Kokosöl
1	großer Zucchino
500 ml	Gemüsefond
1 Tr.	Lemongrassöl
2 Tr.	Koriandersamenöl
200 ml	Kokosmilch aus der Dose
150 g	Scampi

Arbeitszeit: 15 Min. • **Garzeit:** ca. 15 Min.
Schwierigkeitsgrad: leicht

• Die Zwiebel in hauchdünne Ringe schneiden und zusammen mit dem fein gehackten Knoblauch im Kokosöl anrösten.
• Den gewaschenen und in Scheiben geschnittenen Zucchino dazugeben und ebenfalls kurz mitrösten.
• Mit Gemüsefond aufgießen und alle Zutaten weich kochen, danach alles fein pürieren.
• Die ätherischen Öle mit der Kokosmilch emulgieren und unter die Zucchinisuppe rühren.
• Die Scampi kurz in heißem Öl anbraten, auf Spieße stecken und mit der Suppe servieren.

Tipp:
Für eine vegane Variante die Suppe statt mit gebratenen Scampi mit Croûtons oder gerösteten Pinienkernen servieren.

Tipp:
Eine schöne Farbe ergeben gelbe Zucchini!

Hauptgerichte

Alle Rezepte sind für 4 Portionen gedacht.

Schweinefilet „Aristo" mit Polenta-Kaffee-Soufflé

ARBEITSZEIT: 45 Min. • **GARZEIT:** ca. 15 Min. • **WARTEZEIT:** MIND. 4 STD.
SCHWIERIGKEITSGRAD: AUFWÄNDIG

ZUTATEN

- 3 Knoblauchzehen
- ca. 600 g Schweinefilet
- 1 EL Gewürznelken
- 1 Prise Meersalz
- 1 Prise Pfeffer
- 3–4 EL Zitronenwürzöl (siehe S. 32)
- 3–4 EL Olivenöl
- 250 ml Rotwein zum Ablöschen
- 250 ml Rindsuppe zum Aufgießen
- 2 TL dunkler Saucenbinder (oder gewöhnliche Speisestärke)
- 125 ml kaltes Wasser
- 3 Tr. Orangenöl
- 1 Tr. Bayöl
- Salz zum Emulgieren

POLENTA-KAFFEE-SOUFFLÉ
Zutaten und Rezept auf S. 118

WEITERE BEILAGEN-TIPPS:
- *Rotkohl (Rotkraut) (siehe S. 114)*
- *Glacierte Kastanien (siehe S. 112)*
- *Ofenkartoffel mit Aroma-Sahne (siehe S. 116)*
- *Karottenreis Oriental (siehe S. 114)*

• Knoblauchzehen schälen und in feine Streifen zum Spicken schneiden. Schweinefilet mit Knoblauchstreifen und den Gewürznelken spicken. Mit Meersalz und Pfeffer würzen, in eine Kasserolle geben und mit dem Zitronenwürzöl übergießen. Am besten über Nacht, mindestens aber 4 Stunden im Kühlschrank ziehen lassen.

• Eine Pfanne oder Kasserolle (für den Backofen geeignet) mit dem Olivenöl erhitzen und das Schweinefilet von allen Seiten gut anbraten. Mit Rotwein ablöschen und einreduzieren lassen.

• Dann mit der Rindsuppe aufgießen und das Schweinefilet im auf 170 °C vorgeheizten Backofen für ca. 15 Minuten garen lassen (das Fleisch sollte im Kern noch zartrosa sein.)

• Anschließend herausnehmen, das Fleisch auf einem vorgewärmten Teller in Alufolie gewickelt 5 Minuten nachrasten lassen.

• Inzwischen die Sauce fertigstellen, dazu den Saucenbinder (oder die Speisestärke) mit kaltem Wasser anrühren, die ätherischen Öle mit Salz emulgieren, das so gewürzte Salz dazugeben und mit dieser Mischung den Bratensaft binden (am Herd noch einmal erwärmen, damit die Sauce bindet).

• Das Fleisch in dicke Scheiben schneiden, auf vorgewärmten Tellern mit der Beilage anrichten und mit der Sauce übergießen, sofort servieren.

TIPP:
Die Sauce kann auch mit 2–3 EL Sahne abgerundet werden (Sahne mit Saucenbinder und den ätherischen Ölen anrühren und die Sauce damit binden). Dadurch wird sie allerdings heller.

TIPP:
Ein Fleischthermometer erleichtert es, den optimalen Garpunkt zu erreichen! Kerntemperatur bei Schweinefleisch: 70 °C (medium)
Kerntemperatur bei Wildbret oder Rindfleisch: 60–65 °C (medium)

HAUPTGERICHTE | FLEISCH

Gebratenes Hirschfilet mit Rotkohl

Arbeitszeit: 20 Min. • **Garzeit:** ca. 20 Min. • **Wartezeit:** ca. 6 Std.
Schwierigkeitsgrad: Mittel

Zutaten

ca. 600 g Hirschfilet
1 Prise Salz
1 Prise Pfeffer
1 TL Butter
etwas Suppe zum Aufgießen
1 EL Speisestärke

Marinade

125 ml Olivenöl
2 Tr. Lorbeeröl
1 Tr. Wacholderöl
1 Tr. Thymianöl ct. Linalool (siehe S. 62)
je 1 Tr. ätherisches Orangen- und Zitronenöl

Rotkohl (Rotkraut)

Zutaten und Rezept auf S. 114

Weitere Beilagen-Tipps:

- *Babykartoffeln mit Minzbutter (siehe S. 122)*
- *Kürbisgnocchi (siehe S. 108)*

- Eine Marinade aus Olivenöl und den ätherischen Ölen herstellen und das Hirschfilet darin ca. 6 Stunden marinieren, danach aus der Marinade heben (diese aufbewahren) und das Fleisch salzen und pfeffern.
- Eine für den Backofen geeignete Pfanne oder Kasserolle auf dem Herd erhitzen, darin das marinierte Hirschfilet scharf von allen Seiten anbraten.
- Das Fleisch im vorgeheizten Backofen bei 170° ca. 15–20 Minuten garen, Fleisch aus dem Ofen nehmen, in Alufolie wickeln und rasten lassen.
- Fett aus der Pfanne oder Kasserolle abgießen, Pfanne auf den Herd stellen. Butter in die Pfanne mit dem Bratrückstand geben und einige Löffel Marinade dazugeben.
- Mit Suppe aufgießen und einkochen lassen, Speisestärke mit einem Schneebesen einrühren und die Sauce damit binden. Nochmals aufkochen lassen.
- Fleisch portionieren und mit der Sauce sowie mit Rotkohl anrichten.

Tipp:
Dieses Rezept eignet sich auch für Entenbrüstchen: Die Haut der Entenbrüstchen kreuzweise einschneiden, danach die Entenbrüstchen wie oben beschrieben marinieren, salzen und pfeffern, an der Fleischseite kurz anbraten und an der Hautseite ausbraten lassen, dann wie im Rezept Hirschfilet fortfahren.

Rindermedaillons mit Orangen-Pfeffer-Sauce

ZUTATEN

4	Medaillons vom Rinderfilet (jeweils ca. 3 cm dick)
1 EL	Pfefferwürzöl (siehe S. 30)

je 1 Prise Pfeffer und Salz
etwas Öl zum Braten

50 g	Butter
½	Zwiebel

Saft von ½ Zitrone

2 Tr.	Knoblauchöl
je 2 Tr.	Zitronen- u. Orangenöl
1 EL	Grand Manier
4 cl	Cognac
½	Orange

ARBEITSZEIT: 30 Min. • **SCHWIERIGKEITSGRAD:** MITTEL

- Die Medaillons mit Pfefferwürzöl, Pfeffer und Salz einreiben, in heißem Öl rasch auf beiden Seiten braten.
- Ein walnussgroßes Stück Butter in den Bratenrückstand geben und darin die fein gehackte Zwiebel andünsten. Mit Zitronensaft ablöschen und kurz aufkochen lassen.
- Knoblauch-, Zitronen- und Orangenöl dazugeben. Mit Grand Manier, Cognac und Pfefferwürzöl abschmecken.
- Die Orange schälen, in Würfel schneiden und dazugeben.
- Die Rindermedaillons anrichten und mit der Sauce überziehen.

BEILAGEN-TIPP:
Bissfest gekochte Bandnudeln

Hühnerkeulen mediterran

ZUTATEN

4 Hühnerkeulen
je 1 Prise Salz und Pfeffer

MARINADE
je 1 Zweig Rosmarin, Thymian und Fenchelgrün

2–3	Salbeiblätter

je 3 Tr. Knoblauch-, Rosmarinct. 1,8 Cineol u. Salbeiöl

1 Tr.	Fenchelöl
2 EL	grüne Oliven, ohne Kerne

etwas Zitronensaft

2 EL	Olivenöl

ARBEITSZEIT: 15 Min. • **GARZEIT:** 40 Min. • **WARTEZEIT:** 4 STD.
SCHWIERIGKEITSGRAD: LEICHT

- Hühnerkeulen waschen und trocken tupfen. Alle Zutaten für die Marinade gut vermengen.
- Die Marinade über die Hühnerkeulen verteilen und mindestens 4 Stunden marinieren lassen, öfters wenden.
- Backofen auf 200–220 °C vorheizen. Hühnerkeulen salzen und pfeffern, in einer Bratform ca. 40 Minuten braten, dabei mehrmals wenden und wenn nötig mit der restlichen Marinade und dem austretenden Bratensaft aufgießen.

BEILAGEN-TIPPS:
- *Babykartoffeln mit Minzbutter (siehe S. 122)*
- *Reis*

HAUPTGERICHTE | FLEISCH

Hühnerkeulen asiatisch mit Couscous-Salat

Arbeitszeit: 15 Min. • **Garzeit:** 40 Min. • **Wartezeit:** 4 Std.
Schwierigkeitsgrad: leicht

Zutaten

- 4 Hühnerkeulen
- 1 Prise Salz
- 1 Prise Pfeffer

Marinade

- 1 Stück Ingwer (ca. 4 cm)
- 1 Knoblauchzehe
- 1 Chilischote
- Saft von ½ Limette oder ½ Zitrone
- 1 TL Honig
- 2 Tr. Knoblauchöl
- 4 Tr. Koriandersamenöl
- 1 Tr. Ingweröl
- 2 Tr. Zitronen- oder Limettenöl
- 2 EL Sesamöl
- 2 EL Sonnenblumenöl

Couscous-Salat

Zutaten und Rezept auf S. 50

Weiterer Beilagen-Tipp: Basmatireis

- Hühnerkeulen waschen und trocken tupfen. Für die Marinade Ingwer und Knoblauch schälen, Chilischote von weißen Adern und Kernen befreien.
- Limetten- bzw. Zitronensaft mit dem Honig und den ätherischen Ölen verrühren, fein gehackten Knoblauch, Ingwer und fein gehackte Chilischote sowie das Sesam- und Sonnenblumenöl untermischen.
- Diese Marinade über die Hühnerkeulen verteilen und mindestens 4 Stunden marinieren lassen, öfters wenden.
- Backofen auf 200–220 °C vorheizen. Hühnerkeulen aus der Marinade nehmen, salzen und pfeffern, in einer Bratform ca. 40 Minuten braten, dabei mehrmals wenden und wenn nötig mit der restlichen Marinade und dem austretenden Bratensaft aufgießen.
- Mit Couscous-Salat, garniert mit Granatapfelkernen, servieren.

HAUPTGERICHTE | HUHN

Hähnchen aus der Tajine mit eingelegten Zitronen und Artischockenherzen

Arbeitszeit: 20 Min. • **Garzeit:** ca. 60 Min. • **Schwierigkeitsgrad:** Mittel

Zutaten

- 1 Hähnchen (ca. 1,3 kg)
- 2 EL Butter
- 2 EL natives Olivenöl
- 1 Prise Ingwersalz (siehe S. 35)
- 1 Prise schwarzer Pfeffer
- 1 kleines Stück Ingwer
- 1 Zwiebel
- 8 Safranfäden, gemörsert
- 10 Stängel glatte Petersilie
- 250 ml Hühnersuppe
- 1 unbehandelte Zitrone oder Salzzitrone
- 1 EL Korianderwürzöl (siehe S. 30)
- ½ EL Ingwerwürzöl (siehe S. 30)
- ½ EL Kreuzkümmelwürzöl (siehe S. 30)
- 2 Tr. Zitronenwürzöl (siehe S. 32)
- 2 Artischockenherzen aus der Dose

• Das Hähnchen in Stücke zerteilen. In einer Bratpfanne Butter und Olivenöl erhitzen. Die mit Ingwersalz und Pfeffer gewürzten Hühnerstücke sowie den geschälten und fein gehackten Ingwer anbraten.

• Die fein gehackte Zwiebel, die Safranfäden und die Petersilienstängel dazugeben, mit Suppe aufgießen, danach alles in einen Römertopf oder in eine Tajine geben, den Deckel aufsetzen und im Ofen bei 200 °C ca. 50–60 Minuten garen, bis die Hühnerstücke weich sind.

• Das Fleisch aus der Taijine nehmen und warm halten. Die Sauce auf dem Herd in einem Topf zum Kochen bringen (zuvor Petersilienstängel entfernen), die in feine Streifen geschnittene Schale der Zitrone bzw. Salzzitrone dazugeben, mit den Würzölen abschmecken.

• Die Hähnchenteile mit der Sauce servieren, mit halbierten Artischockenherzen garnieren.

Achtung:
Falls Sie einen Römertopf oder eine Tajine aus Ton verwenden, beide vorher 30 Minuten in Wasser einweichen und in den kalten Ofen stellen, die Garzeit dauert dann ein bisschen länger. Wenn Sie eine glasierte Tajine verwenden, wird der Backofen vorgeheizt.

HAUPTGERICHTE | HUHN

Hühnersatays mit Karottenreis Oriental

Arbeitszeit: 15 Min. • **Wartezeit:** 30 Min. • **Schwierigkeitsgrad:** leicht

Zutaten

4 Hühnerbrüstchen

Marinade
- 2 Tr. Thymianöl ct. Linalool (siehe S. 62)
- 1 Tr. Rosmarinöl ct. 1,8 Cineol
- 1 Tr. Orangenöl
- 250 ml Buttermilch oder Joghurt

Holzspieße oder Rosmarinzweige

Karottenreis Oriental
Zutaten und Zubereitung auf S. 114

- Hühnerbrüstchen in dünne Streifen schneiden. Die ätherischen Öle mit Buttermilch bzw. Joghurt emulgieren und die Hühnerbruststreifen darin mindesten 30 Minuten marinieren.
- Die marinierten Fleischstücke auf die Holzspieße oder auf Rosmarinzweige stecken und auf beiden Seiten grillen bzw. in der Pfanne braten.

Weiterer Beilagen-Tipp:
Sommerliches Gemüse mit Vanille und Knoblauch (siehe S. 120)

HAUPTGERICHTE | HUHN

Lachs „Citronnier" mit sommerlichem Gemüse

ZUTATEN

Zitronenzesten von 1 Zitrone (unbehandelt)
2–3 EL Zitronenwürzöl (siehe S. 32)
4 Lachsfilets
1 Prise Meersalz
1 Prise Pfeffer
frischer Zitronenthymian
frischer Majoran
1 Prise Blutorangen-Lemongrass-Würzsalz (siehe S. 34)

4 Stück Alufolie oder 1 Kasserolle

SOMMERLICHES GEMÜSE MIT VANILLE UND KNOBLAUCH
Zutaten und Rezept auf S. 120

ARBEITSZEIT: 15 Min. • **GARZEIT:** 25 Min. • **SCHWIERIGKEITSGRAD:** LEICHT

- Zitronenzesten mit dem Zitronenwürzöl beträufeln und beiseite stellen. Lachsfilets wenig salzen, pfeffern und mit Zitronenthymian und Majoran bestreuen.
- Lachsfilets in die Alufolie gewickelt oder in einer Kasserolle im Rohr bei 150 °C 25 Minuten zugedeckt garen.
- Die fertigen Lachsfilets auf vorgewärmten Tellern anrichten, mit dem Orangen-Lemongrass-Würzsalz würzen, die Zitronenzesten darauf verteilen und mit Zitronenwürzöl beträufeln. Mit Sommergemüse servieren.

WEITERE BEILAGEN-TIPPS:
- *Basmatireis*
- *Warmes Kräuterbaguette (siehe S. 118)*
- *Blattsalat mit Orangenvinaigrette (siehe S. 51)*
- *Babykartoffeln mit Minzebutter (siehe S. 122)*

TIPP:
Statt Lachs können Sie auch Lachsforelle verwenden. Diese nicht in Alufolie garen, sondern in der Pfanne braten.

HAUPTGERICHTE | FISCH

HAUPTGERICHTE | FISCH

Jakobsmuscheln mit Gemüsestreifen

ZUTATEN

1 Bund	Frühlingszwiebeln oder 1 mittelgroße Zwiebel
je 80 g	Sellerie, Karotten und Lauch
3 EL	Butter
einige	Safranfäden
750 ml	Gemüsesuppe
600 g	ausgelöste Jakobsmuscheln (Tiefkühlware oder frisch)
125 ml	Sahne (Obers)
	Saft und Zesten von 1 Orange (unbehandelt)
1 TL	Blutorangen-Lemongrass-Würzsalz (siehe S. 34)
1 Prise	Pfeffer

ARBEITSZEIT: 25 MIN. • **GARZEIT:** CA. 30 MIN. • **SCHWIERIGKEITSGRAD:** MITTEL

- Frühlingszwiebeln in feine Würfel schneiden. Gemüse waschen, putzen und in feine Streifen schneiden (z. B. mit einer Gemüseraspel).
- Die Butter in einer Kasserolle erhitzen, die Frühlingszwiebeln darin goldbraun anschwitzen, dann das Gemüse und die Safranfäden zugeben, für 5 Minuten durchschwenken und glasig dünsten.
- Danach mit Gemüsesuppe aufgießen und 5–7 Minuten einkochen lassen.
- Die ausgelösten Muscheln zugeben und das Ganze zugedeckt weitere 15–20 Minuten bei mittlerer Hitze garen.
- Dann die Sahne und den Orangensaft zugeben, mit dem Würzsalz und mit Pfeffer abschmecken.
- Auf vorgewärmten Tellern mit Orangenzesten garniert anrichten und sofort servieren.

TIPP:
Wenn dieses Gericht nur Erwachsenen serviert wird, kann statt Orangensaft auch Weißwein verwendet werden. Diesen allerdings vorher hinzufügen: Das Gemüse mit 125 ml Weißwein ablöschen, dann die Gemüsesuppe dazugeben.

BEILAGEN-TIPPS:
- *Blattsalate (siehe S. 51)*
- *Salzkartoffeln*
- *Basmatireis (nach dem Kochen aromatisiert mit Blutorangen-Lemongrass-Würzsalz)*
- *Babykartoffeln mit Minzebutter (siehe S. 122)*
- *Warmes Kräuterbaguette (siehe S. 118)*

HAUPTGERICHTE | FISCH

Lachsforellen-Confit*

ZUTATEN

4	Lachsforellenfilets
ca. 1 l	hochwertiges Olivenöl
10 Tr.	Lorbeeröl
15 Tr.	Zitronenöl
1 Prise	Meersalz

*Confit / Konfieren: in Öl oder Fett bei geringer Temperatur garen. Hier wird diese Methode für eine schonende Fischzubereitung angewendet. Dieses Rezept schmeckt vorzüglich!

ARBEITSZEIT: 10 MIN. • **GARZEIT:** 10 MIN. • **SCHWIERIGKEITSGRAD:** LEICHT

- Die Lachsfollenfilets in etwa 2 Finger dicke Streifen schneiden und diese in eine Kasserolle einlegen. Das Olivenöl mit den ätherischen Ölen vermischen und auf 80 °C erwärmen (mit einem Thermometer überprüfen), über die Filetstreifen in der Kasserolle gießen und im auf max. 80 °C vorgeheizten Backofen für etwa 10 Minuten garen lassen.
- Die fertigen Filetstücke aus dem Öl nehmen, abtropfen lassen, mit beliebigen Beilagen garniert mit einer Scheibe Zitrone servieren.

BEILAGEN-TIPPS:
- *Warmes Kräuterbaguette (siehe S. 118)*
- *Sommerliches Gemüse mit Vanille und Knoblauch (siehe S. 120X)*
- *Babykartoffeln mit Minzebutter (siehe S. 122)*
- *Blattsalat (siehe S. 51)*

Zitronen-Knoblauch-Saibling

ZUTATEN

4	große Saiblingsfilets
1	Zitrone
2	Knoblauchzehen
4	große Kartoffeln
1 EL	Estragon

MARINADE

125 ml	Olivenöl
4 Tr.	Estragonöl
4 Tr.	Zitronenöl
6 Tr.	Knoblauchöl

ARBEITSZEIT: 35 MIN. • **GARZEIT:** 25 MIN. • **WARTEZEIT:** 60 MIN.
SCHWIERIGKEITSGRAD: LEICHT

- Die Fischfilets waschen und trocken tupfen, von eventuell vorhanden Gräten befreien.
- Für die Marinade das Olivenöl mit den ätherischen Ölen vermengen und die vorbereiteten Fischfilets ca. 60 Minuten darin marinieren.
- Die Zitrone in Scheiben schneiden, diese in einen Bräter legen, die marinierten Fischfilets daraufsetzen. Den fein geschnittenen Knoblauch und die restlich Marinade darüber verteilen.
- Die rohen Kartoffeln schälen, in dünne Scheiben schneiden und zu den Fischfilets in den Bräter geben.
- In den auf 150 °C vorgeheizten Backofen geben, den fein geschnittenen Estragon dazugeben und braten, bis der Fisch gar ist.

HAUPTGERICHTE | FISCH

Gefüllte Saiblingsroulade mit Paprikasauce

ZUTATEN

4 Saiblingfilets

FÜLLE
- 2 Saiblingfilets
- 50 g Flusskrebse (in Lake eingelegte eignen sich hervorragend)
- 50 ml Sahne (Obers)
- 1 kleine Chilischote
- 1 Tr. Koriandersamenöl

Salz, Pfeffer

PAPRIKASAUCE
- 1 große Zwiebel oder 2 Schalotten
- 4 rote Spitzpaprikaschoten
- 20 g Butter
- 8 EL Weißwein
- 300 ml Gemüsefond
- 1 Tr. Thymian ct. Linalool (siehe S. 62)
- ½ Tr. Nelkenknospenöl (Löffelmethode, siehe S. 21)
- 2 Tr. Wacholderöl
- 3 Tr. Lorbeeröl
- 50 ml Sahne (Obers)

ARBEITSZEIT: 25 MIN. • **GARZEIT:** CA. 25 MIN. • **SCHWIERIGKEITSGRAD:** AUFWÄNDIG

- Alle Saiblingsfilets sorgfältig entgräten. Für die Fülle die 2 Saiblingsfilets von der Haut befreien und in Stücke schneiden. Mit den Flusskrebsen und der Sahne im Mixer pürieren.
- Chilischote entkernen, von weißen Adern befreien und fein hacken. Zusammen mit dem Koriandersamenöl zur Flusskrebs-Fisch-Masse geben und mit Salz und Pfeffer abschmecken.
- Die restlichen Fischfilets mit der Hautseite nach unten auflegen, mit der Fülle bestreichen und einrollen.
- Jede Fischroulade auf ein entsprechend großes, mit Butter bestrichenes Stück Alufolie legen und darin einwickeln. In einer feuerfesten Form im Backofen bei ca. 180 °C 20–25 Minuten garen.
- In der Zwischenzeit für die Sauce die Zwiebel bzw. die Schalotten schälen und fein hacken. Paprikaschoten halbieren, Kerne und weiße Trennwände entfernen und das Fruchtfleisch in Würfel schneiden.
- Butter in einem Topf zerlassen, Zwiebeln bzw. Schalotten darin glasig anschwitzen. Paprikawürfel dazugeben und ebenfalls anrösten.
- Wein dazugießen und einreduzieren lassen, bis kaum mehr Flüssigkeit vorhanden ist. Mit Gemüsefond aufgießen und ca. 20 Minuten kochen lassen.
- Danach die Sauce aufmixen und durch ein Sieb passieren. Die ätherischen Öle mit der Sahne emulgieren und unter die Sauce mixen.
- Die Rouladen mit der Sauce anrichten und mit Granatapfelkernen garnieren.

TIPP:
Die Paprikasauce schmeckt auch mit gelben Paprikaschoten.

BEILAGEN-TIPP:
Reis

HAUPTGERICHTE | FISCH

Hauptgerichte | Fisch

Welsfilets in Prosecco-Dill-Sauce

ZUTATEN

    2 Welsfilets
Salz, Pfeffer

SAUCE

    1 kleine Schalotte
  30 g Butter
  1 cl Noilly Prat
 80 ml Prosecco
200 ml Fisch- oder Hummerfond
  2 Tr. Dillöl CO_2-extrahiert
       (siehe S. 11)
 80 ml Sahne (Obers)
  20 g eiskalte Butter
1 Prise Salz
1 Prise Pfeffer

ARBEITSZEIT: 35 MIN. • **SCHWIERIGKEITSGRAD:** LEICHT

- Für die Sauce die Schalotte schälen und in feine Würfel schneiden. Butter in einem Topf zerlassen und die Schalotte darin ohne Farbe anschwitzen.
- Mit dem Noilly Prat ablöschen und die Flüssigkeit reduzieren lassen. Zuerst den Prosecco, dann den Fisch- bzw. Hummerfond dazugießen und um etwa $\frac{1}{3}$ reduzieren lassen, dann die Sauce durch ein feines Sieb passieren.
- Die Welsfilets salzen, pfeffern und in eine feuerfeste Form legen. Mit etwas von der Prosecco-Schalotten-Grundsauce untergießen und die Form mit gebuttertem Backpapier abdecken. Im vorgeheizten Backofen bei 180 ° ungefähr 10 Minuten garen.
- Ätherisches Dillöl mit Sahne emulgieren und unter die restliche Grundsauce rühren. Die kalte Butter in kleine Stücke schneiden, diese mit dem Schneebesen in die Sauce einrühren und mit Salz und Pfeffer würzen. Mit dem Stabmixer schaumig aufrühren.
- Sauce zum fertig gegarten Welsfilet servieren.

TIPP:
Vorgekochte und in wenig Butter gebratene Kartoffeln passen ausgezeichnet zu diesem Fisch.

TIPP:
Wenn man die Sauce mit Hummerfond zubereitet, ergibt das einen schönen farblichen Kontrast.

HAUPTGERICHTE | FISCH

Asia-Garnelen aus dem Wok

Arbeitszeit: 30 Min. • **Garzeit:** 15 Min. • **Schwierigkeitsgrad:** Mittel

Zutaten

- 1 rote Paprikaschote
- 1 Zucchini oder 1 grüne Paprikaschote
- 3 mittelgroße Karotten
- 1 Stück Ingwerwurzel (ca. 5–7 cm)
- 2 kleine Knoblauchzehen
- 4 EL natives Sesamöl
- 400 g Garnelen
- ½ Dose Bambus (165 ml)
- 120 g Sojasprossen (fakultativ)
- 250 ml indonesische Sojasauce (z. B. Ketjap Manis – diese ist nicht so salzig wie japanische oder chinesische Sojasauce)
- 1–2 EL Asia-Würzsirup (siehe S. 36)

• Paprikaschote, Zucchini und Karotten waschen, putzen und in Würfel oder Streifen schneiden. Ingwer schälen und in kleine Würfel schneiden. Knoblauch schälen und kleinwürfelig schneiden.

• In einem Wok oder in einer gusseisernen Pfanne mit höherem Rand das Sesamöl erhitzen. Zuerst den Ingwer kurz durchrösten, dann die Garnelen dazugeben und durchrösten, bis der Garnelensaft aufgetrocknet ist (die Garnelen sollen nicht braun werden).

• Dann den Knoblauch dazugeben und kurz durchschwenken, nach und nach das Gemüse dazugeben und immer wieder gut durchmischen, bis alles warm ist.

• Mit der Sojasauce aufgießen, die Hitze reduzieren und alles für etwa 15 Minuten leicht dünsten lassen.

• Zum Abschluss den Topf von der heißen Platte nehmen und mit dem Asia-Würzsirup verfeinern, sofort in Schälchen servieren.

Tipp:
Wer es nicht so scharf mag, lässt einfach den Ingwer weg!

Tipp:
Man kann die Garnelen auch durch Fleisch (Hühner oder Schweinefleisch) ersetzen. Dafür das Fleisch in feine Streifen schneiden und beim Anbraten darauf achten, dass das Fleisch nicht zu kochen beginnt, sondern brät und Farbe annimmt. Besser die Menge in zwei Etappen anbraten, dann wie oben beschrieben weitermachen. Die Arbeitszeit kann sich dadurch etwas verlängern.

Beilagen-Tipp:
- *Basmatireis*
- *Chinesische Eiernudeln*

HAUPTGERICHTE | FISCH

Garnelen in Curry-Lemongrass-Kokosmilch

Zutaten

saisonales Gemüse nach Belieben (Zucchini, grüne Bohnen, Broccoli, Karotten, Paprikaschoten, etc.)

1	Stück Ingwerwurzel (ca. 5–7 cm)
450 g	Garnelen
2–3 EL	feeling Kokosöl kbA
500 ml	Kokosmilch
1 Prise	Meersalz
1–2 EL	Currypulver
3 Tr.	Lemongrassöl

Arbeitszeit: 20 Min. • **Garzeit:** ca. 20 Min. • **Scigkeitsgrad:** leicht

- Gemüse klein schneiden, eventuell blanchieren. Ingwer schälen und kleinwürfelig schneiden.
- Die Garnelen und den Ingwer in einer Pfanne mit dem Kokosöl kurz anrösten, das Gemüse dazugeben.
- Mit der Kokosmilch aufgießen, vorher jedoch 1 EL Kokosmilch beiseitegeben. Mit Meersalz und Currypulver würzen und 15–20 Minuten leicht köcheln bzw. ziehen lassen, bis das Gemüse bissfest gegart ist.
- Kurz vor dem Anrichten das Lemongrassöl mit der beiseitegebenen Kokosmilch emulgieren und unter das Gericht rühren, mit Salz abschmecken.

Tipp:
Wer es besonders scharf liebt, kann entweder eine getrocknete Chilischote mitkochen oder zum Schluss mit ein paar Tropfen Chili-Gewürzöl abschmecken.

Tipp:
Für eine vegane Variante einfach die Garnelen weglassen und durch mehr Gemüse ersetzen.

Beilagen-Tipps:
- *Basmatireis*
- *Chinesische Eiernudeln*

Hauptgerichte | Fisch

Rosennudeln mit Rosen-Minze-Pesto

Arbeitszeit: 40 Min. • **Wartezeit:** 60 Min. • **Schwierigkeitsgrad:** Aufwändig

Zutaten

Nudelteig
- 200 g Weizenmehl
- 200 g Hartweizengrieß
- 1 TL Salz
- 1 Hand voll Rosenblütenblätter (ungespritzt)
- 2 Tr. Rosenöl
- 4 Eier

Rosen-Minz-Pesto
- 3 Hand voll Rosenblütenblätter
- 1 Hand voll Apfelminzeblätter
- süßes Salz (siehe S. 36)
- etwas Zitronensaft
- 150 ml Mandelöl oder Olivenöl
- 40 g Paranüsse oder Pinienkerne
- 40 g Parmesan (oder Edamer)

- Mehl, Hartweizengrieß, Salz und fein geschnittene Rosenblütenblätter vermengen. In eine Schüssel geben und in der Mitte eine Mulde drücken.
- Rosenöl mit den Eiern emulgieren und in die Mehlmulde geben. Dann das Ganze mit den Händen zu einem glatten, glänzenden Teig verarbeiten. Diesen in Frischhaltefolie wickeln und im Kühlschrank 60 Minuten rasten lassen.
- Für das Pesto Rosenblütenblätter und Minzeblätter in dünne Streifen schneiden, mit dem süßen Salz und dem Zitronensaft verrühren.
- Alles mit dem Öl und den Paranüssen bzw. Pinienkernen im Mixaufsatz einer Küchenmaschine zerkleinern (auch mit einem leistungsstarken Pürierstab möglich).
- Mit dem fein geriebenen Parmesan bzw. Edamer verrühren und abschmecken, warm halten.
- Pastateig mit dem Nudelholz ausrollen und in ca. 2 cm breite Nudeln schneiden (oder mit einer Nudelmaschine zu Nudeln verarbeiten).
- Die Nudeln in Salzwasser bissfest kochen, abseihen, abtropfen lassen und mit dem warmen Pesto vermengen, sofort servieren.

Tipp:
An und für sich berechnet man ca. 60 g Nudeln pro Person als Vorspeise und ca. 120 g als Hauptspeise. Bei selbst gemachten frischen Nudeln, die mehr Feuchtigkeit enthalten und daher schwerer sind, nimmt man für Vorspeisen 90 g und für Hauptspeisen 150 g Nudeln pro Person.

Wirsingrouladen (vegan)

ARBEITSZEIT: 35 Min. • **GARZEIT:** 30 Min. • **SCHWIERIGKEITSGRAD:** Mittel

Zutaten

1	Wirsingkopf (Kohlkopf)

Fülle

2	große Zwiebeln
2	grüne Paprikaschoten
2	Tomaten (oder gewürfelte Tomaten aus der Dose)
3 EL	Olivenöl
200 g	Sonnenblumenkerne
125 ml	Wasser
2 EL	Sizilia-Würzöl (siehe S. 31)
1 Prise	Meersalz
1 Prise	Pfeffer

- Vom Wirsingkopf die äußeren harten und verschmutzten Blätter entfernen. Die übrigen Blätter abpflücken und waschen. Dann die Blätter in kochendem Salzwasser für 5 Minuten blanchieren, vorsichtig herausnehmen und in Eiswasser abschrecken.
- Für die Fülle die Zwiebeln schälen und fein schneiden, die Paprikaschoten waschen, von Kernen und weißen Adern befreien und würfelig schneiden.
- Die Tomaten mit heißem Wasser überbrühen, die Schalen abziehen, die Kerne entfernen und das Fruchtfleisch würfelig schneiden.
- Die Zwiebeln in Olivenöl glasig andünsten.
- Die Sonnenblumenkerne fein hacken und zu den Zwiebeln geben, Paprikawürfel und Tomatenwürfel dazugeben und mitdünsten. Mit Wasser ablöschen und weitere 10 Minuten dünsten, zum Schluss mit 1 EL Sizilia-Würzöl, Meersalz und Pfeffer abschmecken.
- Dann die Wirsingblätter mit je 1 EL der Fülle bestreichen und die Blätter mit der Fülle zusammenrollen. Eine feuerfeste Form mit dem Rest des Sizilia-Würzöls einfetten, die Wirsingrouladen hineinschlichten und bei etwa 150 °C im vorgeheizten Backofen ca. 30 Minuten garen.

Tipp:
Als Beilage passen sehr gut einfache Salzkartoffeln.

HAUPTGERICHTE | DIVERSE HAUPTSPEISEN

Hauptgerichte | Diverse Hauptspeisen

Kürbisgnocchi (vegan)

Arbeitszeit: 25 Min. • **Garzeit:** 40 Min. • **Schwierigkeitsgrad:** Aufwändig

Zutaten

- 1 Hokkaido-Kürbis (ca. 1 kg)
- 1 kg mehlige Kartoffeln
- 1 TL Meersalz
- ½ TL Pfeffer-Orangen-Salz (siehe S. 35)
- etwas Muskatnuss, gerieben
- ca. 200 g Dinkelmehl
- 5 EL Olivenöl
- 2 Salbeiblätter
- 1 Hand voll Mandel- oder Pinienkerne, geröstet

- Den Hokkaido-Kürbis gut putzen, halbieren, von Kernen befreien und das Fruchtfleisch in Scheiben schneiden. Diese Scheiben im vorgeheizten Backofen bei 170 °C etwa 30 Minuten garen.
- In der Zwischenzeit die Kartoffeln in genügend Wasser mit etwa 1 TL Meersalz weich kochen, schälen und dann mit einer Kartoffelpresse pürieren.
- Die im Backofen weich gegarten Kürbisscheiben pürieren und mit den Kartoffeln vermengen. Mit Pfeffer-Orangen-Salz und Muskatnuss abschmecken und so viel Mehl untermengen, bis der Teig beim Kneten nicht mehr klebt.
- Aus dem Teig kleine Rollen drehen und die Rollen in kleine Stücke (Gnocchi) schneiden.
- Die Gnocchi in sprudelnd kochendem Salzwasser garen, bis sie an die Oberfläche steigen. Vorsichtig mit einem Schaumlöffel aus dem Wasser heben.
- Das Olivenöl in einer Pfanne sanft erhitzen, die nudelig geschnittenen Salbeiblätter darin anschwitzen und dann die Gnocchi kurz darin schwenken.
- Gnocchi sofort mit gerösteten Mandel- oder Pinienkernen servieren.

Variante:

Man kann die Gnocchi auch mit Blattspinat servieren. Statt der Salbeiblätter frischen, geputzten Blattspinat im Olivenöl anschwitzen lassen, dann die Gnocchi dazugeben, kurz durchschwenken und mit gerösteten Mandel- oder Pinienkernen servieren.

Hauptgerichte | Diverse Hauptspeisen

Hauptgerichte | Diverse Hauptspeisen

Hühnerfleisch süß-sauer mit Gemüse

Arbeitszeit: 35 Min. • **Wartezeit:** 20 Min. • **Schwierigkeitsgrad:** leicht

Zutaten

- 500–600 g Hühnerfilets
- 2 Frühlingszwiebeln
- 2 Knoblauchzehen
- 1 rote Paprikaschote
- 1 grüne Paprikaschote
- 3 EL Kokosöl kbA
- 3 EL Öl
- 2 EL Tomatenketchup
- 2 EL Muskateller-Salbei-Essig
- 2 EL Zucker
- 1 EL helle Sojasauce
- ½ TL Salz
- 1 TL Sesamöl
- ½ EL Speisestärke
- 125 ml Wasser

Marinade

- 2 EL Weißwein
- 2 EL Würzöl-Mischung (siehe S. 31)
- 2 EL Ingwer-Würzöl (siehe S. 30)
- 2 TL Sesamöl
- 1 Chilischote (oder Sambal Oelek)
- 1 EL Speisestärke

• Die Hühnerfilets in Würfel schneiden. Für die Marinade Weißwein, Würzöl, Ingwer-Würzöl, Sesamöl, fein gehackte Chilischote (von weißen Adern und Kernen befreit) bzw. Sambal Oelek sowie 1 EL Speisestärke vermischen. Das Hühnerfleisch darin ca. 20 Minuten marinieren.

• In der Zwischenzeit Frühlingszwiebeln (nur den weißen Teil) und Knoblauch fein hacken, die Paprikaschoten (von weißen Adern und Kernen befreit) würfelig schneiden.

• Wok erhitzen, 1 EL Kokosöl darin sehr heiß werden lassen. Die Hälfte des marinierten Hühnerfleisches hineingeben und scharf anbraten, dann herausnehmen. 1 EL Kokosöl nachgießen, das restliche Fleisch ebenfalls scharf anbraten und wieder herausnehmen.

• Öl nachgießen, Frühlingszwiebeln und Knoblauch darin anbraten, bis es duftet. Dann die Paprikawürfel dazugeben und kurz mitbraten.

• Tomatenketchup, Essig, Zucker, Sojasauce, Salz, Sesamöl und Speisestärke in 125 ml Wasser anrühren, zum Gemüse in den Wok gießen und köcheln lassen, bis es leicht eindickt.

• Das gebratene Hühnerfleisch dazugeben und erwärmen, danach sofort servieren.

Beilagen-Tipp:
Reis

Tipp:
Statt Knoblauch kann auch ätherisches Knoblauchöl verwendet werden. Dieses aber erst zum Schluss dem Gericht zufügen und vorsichtig dosieren (max. 3 Tropfen).

Tipp:
Eventuell mit den Würzölen nachwürzen.

Beilagen

Alle Rezepte sind für 4 Portionen gedacht.

Glacierte Kastanien

Zutaten

50 g	brauner Zucker
1/16 l	Wasser
200 g	Kastanien (Maroni), halb gegart*
1 EL	kalte Butter
3–4 Tr.	Orangenöl

Arbeitszeit: 25 Min. • **Schwierigkeitsgrad:** mittel

- Den Zucker in einer Pfanne langsam goldgelb erhitzen, bis er geschmolzen ist, mit dem Wasser aufgießen (auf keinen Fall umrühren!) und einkochen lassen, bis sich der Zucker ganz aufgelöst hat.
- Die Kastanien inzwischen leicht erwärmen (z. B. in der Mikrowelle oder im Wasserbad). Dann die kalte Butter zur Zuckermasse geben, das Orangenöl hinzufügen und die Kastanien darin glacieren.
- Am besten gemeinsam mit Rotkraut als Beilage zu diversen Hauptspeisen servieren, sehr gut passen sie zu Wild.

Sie erhalten im Handel geschälte und halb gegarte Kastanien. Natürlich können Sie die Kastanien auch selbst kochen. Dafür müssen Sie aber wesentlich mehr Arbeitszeit einplanen (für die Kochzeit und das Schälen).

Lauch-Apfel-Creme

Zutaten

2	Stangen Lauch (Porree)
1	großer säuerlicher Apfel
	Saft von 1 Zitrone
2 EL	Butter
250 ml	Gemüsesuppe
200 ml	Crème fraîche
2 Tr.	Koriandersamenöl
1 Tr.	Kardamomöl
1 Prise	Meersalz

Arbeitszeit: 15 Min. • **Garzeit:** 20 Min. • **Schwierigkeitsgrad:** Mittel

- Lauch putzen, gründlich waschen und in dünne Ringe schneiden (auch das Grüne vom Lauch verwenden, es ist schmackhaft und sieht schön aus).
- Den Apfel schälen, in Würfel schneiden und in einer kleinen Schüssel sofort mit Zitronensaft beträufeln, damit er nicht braun wird.
- In einer Pfanne die Butter erhitzen und den Lauch kurz darin anschwitzen. Mit der Gemüsesuppe aufgießen und köcheln lassen, bis der Lauch weich ist. Dann die Apfelwürfel zugeben, kurz mitdünsten, bis die Äpfel warm sind.
- Inzwischen Crème fraîche mit den ätherischen Ölen anrühren, die Pfanne vom Herd nehmen und einrühren. Mit Meersalz abschmecken und sofort servieren.

Tipp: Die Hälfte der Gemüsesuppe kann man auch mit Weißwein ersetzen: Den Lauch mit dem Weißwein ablöschen und dann erst die Gemüsesuppe zugeben.

Beilagen

Karottenreis Oriental

ZUTATEN

- 2 Becher (à 200 ml) Reis
- ½ TL Meersalz
- 3 Karotten
- 1 EL Butter
- 1 EL Orient-Butter (siehe Seite 34)

ARBEITSZEIT: 15 Min. • **GARZEIT:** 20 Min. • **SCHWIERIGKEITSGRAD:** LEICHT

- Wasser (doppelte Menge vom Reis) in einem Topf zum Kochen bringen, den Reis und ½ TL Meersalz zugeben. Hitze reduzieren und den Reis auf kleiner Stufe etwa 20 Minuten weich dünsten, bis das Wasser vom Reis aufgenommen wurde.
- Inzwischen die Karotten schälen und in feine Würfel schneiden. In einer höheren Pfanne die Butter schmelzen und die Karotten darin bissfest dünsten.
- Wenn der Reis fertig ist, diesen unter die Karotten mengen und zuletzt mit der Orient-Butter abschmecken.

VARIANTE:
Die gedünsteten Karotten mit ½ TL Kurkumaöl würzen, Reis untermischen und ½ TL Meersalz mit 1–2 Tr. Zimtrindenöl (CO_2-extrahiert) emulgieren, das aromatisierte Salz unter den Karottereis mischen, gleich servieren.

Rotkohl mit Orangen-Aroma

ZUTATEN

- 1 kleiner Kopf Rotkohl (Rotkraut)
- Salz, Kümmel
- Saft von 1 Orange
- 1 Zwiebel
- 2 EL Olivenöl
- 15 g Zucker
- 125 ml Rotwein
- ½ Apfel
- 1 Spritzer Essig
- 2 Tr. Orangenöl

ARBEITSZEIT: 20 Min. • **GARZEIT:** CA. 30 Min. • **WARTEZEIT:** CA. 2 STD.
SCHWIERIGKEITSGRAD: LEICHT

- Rotkohl putzen und fein schneiden, mit Salz, Kümmel und dem Orangensaft ca. 1–2 Stunden marinieren.
- Zwiebel fein schneiden, in Öl hell anrösten, Zucker dazugeben und karamellisieren lassen, dann mit Rotwein ablöschen.
- Den marinierten Rotkohl und den fein geraspelten Apfel dazugeben und weich dünsten. Mit einem Spritzer Essig und 2 Tropfen Orangenöl abschmecken.

BEILAGEN

Ofenkartoffel mit Aroma-Sahne

ZUTATEN

4	große Ofenkartoffeln (mehlige, rotschalige Sorte)
250 ml	saure Sahne (Sauerrahm)
1 Prise	Meersalz
1 EL	Provence-Würzöl (siehe S. 31)
4 EL	Speckwürfel
4 Stück	Alufolie

ARBEITSZEIT: 15 MIN. • **GARZEIT:** CA. 45 MIN. • **SCHWIERIGKEITSGRAD:** LEICHT

- Die Ofenkartoffeln jeweils in ein ausreichend großes Stück Alufolie einwickeln und im vorgeheizten Backofen bei 180 °C garen, bis sie weich sind (Nadelprobe, siehe S. 122, je nach Größe der Kartoffeln kann das im Backofen zwischen 30 und 45 Minuten dauern).
- Inzwischen die saure Sahne mit dem Meersalz und dem Würzöl vermischen.
- Kurz bevor die Kartoffeln fertig sind, in einer kleinen Pfanne die Speckwürfel ohne Öl leicht anbraten.
- Zum Anrichten die Alufolien oben sternförmig einschneiden und auseinanderziehen, die Kartoffeln der Länge nach einschneiden (nicht ganz durchschneiden) und die Hälften etwas auseinanderdrücken. Je 1 EL aromatisierte saure Sahne darauf geben und mit Speckwürfeln bestreut anrichten.

TIPP:
Im Frühjahr kann man zusätzlich frischen, fein gehackten Bärlauch in die saure Sahne rühren.

BEILAGEN

Polenta-Kaffee-Soufflé

Arbeitszeit: 15 Min. • **Garzeit:** 50 Min. • **Schwierigkeitsgrad:** Aufwändig

Zutaten

400 ml	Wasser
50 g	Butter
1 Prise	Meersalz
130 g	Maisgrieß (Polenta) (eher grob gemahlen)
1 Prise	Muskatnuss, gerieben
4	Eigelb
2 Tr.	feeling Kaffee-Extrakt
90 g	Magerquark (Magertopfen)
4	Eiweiß

Butter für die Auflaufförmchen

- Wasser mit Butter und Salz aufkochen, Maisgrieß einrühren und bei geringer Hitze 20 Minuten quellen lassen, mit geriebener Muskatnus würzen.
- Eigelb mit feeling Kaffee-Extrakt emulgieren und mit dem Quark verrühren, diese Masse unter den gequollenen Maisgrieß mischen.
- Eiweiß mit einer Prise Salz zu cremigem Eischnee schlagen und unter die Maisgrießmasse heben.
- Auflaufförmchen gut bebuttern und die Masse einfüllen. Ein tiefes Blech oder eine große Auflaufform halb mit Wasser befüllen, die Förmchen in dieses Wasserbad stellen und im Backofen bei 200 °C 30 Minuten garen.

Warmes Kräuterbaguette

Arbeitszeit: 5 Min. • **Garzeit:** ca. 15 Min. • **Schwierigkeitsgrad:** leicht

Zutaten

2	Baguettes (zum Aufbacken)
100 g	fertige Kräuterbutter (Rezept auf Seite 33)

- Das Baguette mit dem Brotmesser schräg im Abstand von ca. 2 cm einschneiden (Achtung: nicht durchschneiden, es soll noch zusammenhängen!). Diese Einschnitte mit Kräuterbutter bestreichen.
- Laut Anleitung auf der Baguetteverpackung im Backofen goldbraun fertig backen. Sofort warm servieren.

BEILAGEN

Sommerliches Gemüse mit Vanille und Knoblauch

ZUTATEN

ca. 400 g Sommergemüse (Zucchini, Auberginen, Knoblauch, Paprika, Tomaten)
- 4 EL Olivenöl
- 1 Tr. Knoblauchöl
- 1 Tr. Vanille-Extrakt in Alkohol (10:90)

ARBEITSZEIT: 30 MIN. • **SCHWIERIGKEITSGRAD:** LEICHT

- Gemüse in Würfel oder Scheiben schneiden, in 3 EL Olivenöl anbraten und auskühlen lassen.
- Die ätherischen Öle mit 1 EL Olivenöl emulgieren und unter das Gemüse mischen.

Rotkohl mit Rotwein und Glühweingewürz

ZUTATEN

- 500 g Rotkohl (Rotkraut)
- 15 g Zucker
- 1 TL Meersalz
- 1 Apfel (fakultativ)
- 500 ml Rotwein
- 2–3 EL Schweineschmalz
- 5–7 Tr. Gebäck- und Glühwein (von feeling, Mischung aus verschiedenen ätherischen Ölen)
- ¼ TL Salz

ARBEITSZEIT: 20 MIN. • **GARZEIT:** 40–60 MIN. • **WARTEZEIT:** 24 STD.
SCHWIERIGKEITSGRAD: MITTEL

- Den Rotkohl putzen, vom Strunk befreien, fein schneiden und mit dem Zucker, Salz, fein geraspeltem Apfel und dem Rotwein in einer Schüssel 1 Tag marinieren lassen.
- In einem Topf das Schweineschmalz erhitzen, den marinierten Rotkohl zugeben und zugedeckt bei geringer Temperatur langsam nicht zu weich dünsten.
- Zum Schluss die Ölmischung Gebäck- und Glühwein mit ¼ TL Salz emulgieren und unter den Rotkohl mischen.

BEILAGEN

Babykartoffeln mit Minzebutter

Arbeitszeit: 15 Min. • **Garzeit:** 20–30 Min. • **Schwierigkeitsgrad:** leicht

Zutaten

- ca. 20 Babykartoffeln (festkochende Sorte)
- 1 TL Meersalz
- 3 EL Butter
- ½ Tr. Pfefferminzöl

• Kartoffeln schälen und in kochendem Salzwasser garen. Danach das Wasser abgießen und den Topf noch einmal kurz zum Ausdampfen auf die Herdplatte stellen. Danach den Topf vom Herd nehmen.

• In einer Pfanne 2 EL Butter schmelzen, sobald die Butter zu perlen beginnt, Pfefferminzöl mittels „Löffelmethode" (siehe S. 21) hinzufügen, die Babykartoffeln in die Pfanne geben und diese in der Minzebutter schwenken.

• Vom Herd nehmen und als Beilage zu diversen Hauptspeisen sofort servieren.

Tipp:
Um festzustellen, ob die Kartoffen schon weich sind, sticht man die Kartoffeln mit einer Nadel oder einem Rouladenstecher an. Wenn die Nadel leicht hinein- und wieder herausgeht, sind die Kartoffeln gar. Je nach Größe der Kartoffeln kann das zwischen 20 und 30 Minuten dauern.

Desserts

Alle Rezepte sind – wenn nicht anders angegeben – für 4 Portionen gedacht.

Apfel-Rabarber-Kuchen mit aromatisiertem Eischnee

Arbeitszeit: 20 Min. • **Backzeit:** 40 Min. • **Schwierigkeitsgrad:** mittel

Zutaten
für 1 kleines Backblech

- 250 g Butter (oder 200 g Kokosöl kbA)
- 210 g Zucker
- 2 EL Vanillezucker (siehe S. 38)
- 2 EL Fruchtschalenzucker (siehe S. 37)
- 4 Eier
- 3 Eigelb
- 200 g Dinkelmehl
- 75 g Speisestärke
- 1 P. Weinstein Backpulver
- 500 g Äpfel
- 2 Stangen Rhabarber

Schneehaube

- 3 Eiweiß
- 1–2 EL Orange-Bergamotte-Vanille-Honig (siehe S. 37)

Butter für das Backblech

• Für den Teig Butter, Zucker, Vanille- und Fruchtschalenzucker schaumig rühren. Nacheinander die 4 ganzen Eier und die 3 Eigelb unterrühren.

• Mehl, Speisestärke und Backpulver mischen, sieben und nach und nach unter die Masse rühren.

• Den Teig auf ein eingebuttertes, tiefes Backblech verteilen. Den Backofen auf 200 °C vorheizen.

• Die Äpfel schälen, entkernen und in Spalten schneiden. Den Rhabarber waschen, schälen und die Stangen in Scheiben schneiden. Den Teig mit den Apfelspalten und Rhabarberscheiben belegen, in den Backofen schieben und 30 Minuten backen.

• Eiweiß zu steifem Schnee schlagen und kurz, bevor das Eiweiß ganz fest ist, den Würzhonig einrühren.

• Nach 30 Minuten Backzeit den Kuchen aus dem Backofen nehmen, mit dem aromatisierten Eischnee bestreichen und noch einmal für etwa 10 Minuten fertig backen, bis die Schneehaube goldgelb ist, danach auskühlen lassen und zum Servieren in Stücke schneiden.

Desserts

Glühweinbirnen auf Zimteis

Arbeitszeit: 40 Min. • **Schwierigkeitsgrad:** Aufwändig
Gefrierzeit: 30 Min. (Eismaschine) bzw. 5–6 Std. (Tiefkühltruhe)

Zutaten

Zimteis
- 500 ml Sahne (Obers)
- 100 ml Milch
- 1 TL Zimtblütenpulver
- 6 Eigelb
- 180 g Staubzucker
- 1 Tr. Zimtrindenöl CO_2-extrahiert (siehe S. 11)

Glühweinbirnen
- 350 ml Schilcher
- 250 ml Wasser
- 300 g Staubzucker
- 4 Tr. Gebäck- und Glühwein (von feeling, Mischung aus verschiedenen ätherischen Ölen)
- 2 Tr. Thymian ct. Linalool (siehe S. 62)
- 4 feste Birnen

• Für das Eis Sahne, Milch und Zimtblütenpulver auf mittlerer Hitze zum Kochen bringen, danach kurz abkühlen lassen. In der Zwischenzeit Eigelb und Zucker dickschaumig aufrühren.
• Dann die abgekühlte Sahne-Milch-Mischung dazugießen und mit einem Schneebesen über Dampf gut verrühren, bis eine dicke Masse entsteht. Zimtrindenöl dazugeben, abkühlen lassen und in der Eismaschine oder in der Tiefkühltruhe* gefrieren lassen.
• Für die Glühweinbirnen Wein, Wasser, Staubzucker und die Hälfte der ätherischen Öle aufkochen lassen. Die geschälten Birnen hineinstellen und leicht köcheln lassen, bis die Birnen bissfest sind.
• Die Birnen aus dem Saft heben und warm stellen. Restliche Flüssigkeit bei höherer Hitze sirupartig einkochen lassen und mit den restlichen ätherischen Ölen aromatisieren.
• Die Birnen mit dem Sirup anrichten und warm mit dem Zimteis servieren.

Wer keine Eismaschine hat, lässt die Masse in einer Schüssel in der Tiefkühltruhe ca. 5–6 Stunden gefrieren, zwischendurch mit einem Schneebesen ein paar Mal gut durchrühren.

Früchtespieße mit Orangensauce

ZUTATEN

Obst nach Belieben (z. B. 1 Banane, 1 Apfel, 1 Orange, einige Weintrauben)

SAUCE
Saft von 1 Orange
1 EL Butter
2–3 EL brauner Zucker
2 Tr. Orangenöl
1 Tr. Vanille-Extrakt in Alkohol (10:90)
2 EL Orangenlikör

ARBEITSZEIT: 20 MIN. • **SCHWIERIGKEITSGRAD:** LEICHT

- Obst wenn nötig schälen, in kleine Stücke schneiden und auf Holzspieße stecken.
- Für die Sauce Orangensaft, Butter und Zucker zusammen in einer Pfanne unter ständigem Rühren erwärmen, bis der Zucker geschmolzen ist.
- Die ätherischen Öle mit dem Orangenlikör emulgieren und dazugeben.
- Sauce über die Früchtespieße gießen und servieren.

Bananeneis mit Thymian und gebratenen Bananen

ZUTATEN

225 ml Milch
30 g Zucker
2 große Eigelb
4 reife Bananen
25 g Rohrzucker
4 Tr. Zitronenöl
1 Tr. Thymianöl ct. Linalool (siehe S. 62)
2 Tr. Pfefferöl
1 Stängel Thymian
etwas Butter zum Anbraten

ARBEITSZEIT: 30 MIN. • **SCHWIERIGKEITSGRAD:** AUFWÄNDIG
GEFRIERZEIT: 30 MIN. (EISMASCHINE) BZW. 5–6 STD. (TIEFKÜHLTRUHE)

- Die Mich mit dem Zucker erhitzen und rühren, bis sich der Zucker aufgelöst hat. Die Eigelbe schaumig schlagen, dann unter ständigem Rühren die heiße Milch unterrühren.
- Den Milchtopf mit kaltem Wasser ausspülen. Die Ei-Milch-Mischung hineingeben und vorsichtig unter ständigem Rühren erhitzen, bis die Mischung dickflüssig geworden ist, dann vom Herd nehmen und abkühlen lassen.
- 2 Bananen mit Rohrzucker zerdrücken. Die ätherischen Öle und die abgezupften Thymianblätter dazugeben und unter die erkaltete Eiercreme ziehen. Die Masse in der Eismaschine oder in der Tiefkühltruhe (siehe S. 126) gefrieren lassen.
- 2 Bananen schälen, würfelig schneiden und in Butter anbraten, zum Eis servieren.

DESSERTS

Gewürzauflauf

ZUTATEN

35 g	gemahlene Mandeln
15 g	Biskuit, zerkrümelt
1 Prise	Salz
je 1 Tr.	Zimtöl, Kardamomöl, Nelkenöl, Bay-Öl
2 Tr.	Orangenöl
4 cl	Rum

Saft und Schale von ½ Orange (unbehandelt)

45 g	zimmerwarme Butter
20 g	Staubzucker
3	Eigelb
45 g	Schokolade
3	Eiweiß
20 g	Zucker

Butter und Zucker für die Förmchen

ARBEITSZEIT: 15 Min. • **WARTEZEIT:** 30 Min. • **GARZEIT:** CA. 25 MIN.
SCHWIERIGKEITSGRAD: AUFWÄNDIG

- Mandeln, Biskuitkrümel, Salz, ätherische Öle, Rum, Orangensaft und -schale mischen und etwa 30 Minuten ziehen lassen.
- Die Butter mit dem Staubzucker schaumig rühren, dann die Eigelbe einzeln dazugeben und verrühren. Die Gewürzmischung und die fein geriebene Schokolade unterrühren. Eiweiß und Zucker steif schlagen und unterheben.
- Backofen auf 190 °C vorheizen. Auflaufförmchen gut ausbuttern und mit Zucker ausstreuen. Gewürzmasse bis einen Finger breit unter den Rand einfüllen. Eine große Auflaufform halb mit heißem Wasser füllen, die Förmchen hineinstellen und im Backofen 20–25 Minuten garen.
- Auflauf aus den Förmchen stürzen und mit Staubzucker bestreut servieren.

Desserts

Rosensorbet mit Ylang-Ylang-Waffeln

ARBEITSZEIT: 30 Min. • **BACKZEIT:** CA. 20 MIN. • **WARTEZEIT:** 2–3 STD.
SCHWIERIGKEITSGRAD: LEICHT

ZUTATEN

SORBET
- 250 ml Rosensirup
- 2 Tr. Rosenöl
- Saft von 1 Orange
- 2 EL Campari
- 200 ml Schilcher
- 1 Eiweiß

WAFFELN
- 75 g weiche Butter
- 100 g Zucker
- 1–2 Tr. Ylang-Ylang-Öl
- 2 Eier
- 1 Prise Salz
- 125 g Mehl
- ½ TL Backpulver
- 1–2 EL Sahne (Obers)

- Rosensirup, Rosenöl, Orangensaft, Campari und Wein verrühren. Eiweiß steif schlagen und in die Flüssigkeit einrühren. In die Eismaschine füllen und gefrieren lassen.
- Für die Waffeln alle Zutaten mit dem Mixer etwa 2 Minuten zu einem glatten Teig verarbeiten, im Waffeleisen ausbacken.
- Die warmen Waffeln mit dem Rosensorbet und eventuell mit gezuckerten Rosenblüten servieren.

TIPP:
Wer keine Eismaschine hat, geht folgendermaßen vor: Sirup, Rosenöl, Orangensaft, Campari und Wein verrühren und in die Tiefkühltruhe stellen. Nach ca. 2 Stunden das steif geschlagene Eiweiß unter die Masse heben und weitere 30 Minuten gefrieren lassen.

Obstsalat mit Sanddornöl

ZUTATEN

3	Orangen
1	Limette
2	Bananen
2	Äpfel
250 g	Obst der Saison (z. B. Erdbeeren, Stachelbeeren, Weintrauben, Zwetschken, etc.)
1/16 l	Rum
3–4 Tr.	Orangenöl
1 EL	Sanddornöl

ARBEITSZEIT: 35 Min. • **SCHWIERIGKEITSGRAD:** LEICHT

- 1 Orange und 1 Limette auspressen. Das Obst waschen, schälen, entkernen und in Würfel oder Scheiben schneiden, die Äpfel sofort mit dem Orangen- und Limettensaft beträufeln, damit sie nicht braun werden.
- Den Rum mit dem Orangenöl aromatisieren und über den Obstsalat gießen, alles gut durchmischen.
- Obstsalat portionsweise in Schälchen anrichten und mit Sanddornöl beträufeln.

TIPP:
Nach Wunsch mit steif geschlagener Sahne garniert servieren.

Tiramisu mit Kardamomkaffee

ZUTATEN

3	Tassen Filterkaffee
4	Eier
4 EL	brauner Zucker
1 EL	Vanillezucker (siehe S. 38)
500 g	Mascarpone
1/16 l	Grand-Manier
1 Tr.	Kardamomöl
2 Tr.	Kaffee-Extrakt
1 P.	Löffelbiskuits aus Vollkorn (Vollkornbiskotten)

Kakaopulver zum Bestreuen

ARBEITSZEIT: 35 Min. • **WARTEZEIT:** 3–4 Std. • **SCHWIERIGKEITSGRAD:** MITTEL

- Starken Filterkaffee kochen und auskühlen lassen. In der Zwischenzeit die Eier trennen, Eigelb und Zucker mit dem Handmixer schaumig rühren und dann Mascarpone einrühren.
- Das Eiweiß steif schlagen und unter die Mascarponemasse heben. Grand-Manier mit dem Kardamomöl und dem Kaffee-Extrakt aromatisieren und mit dem Filterkaffee vermischen.
- Eine Auflaufform abwechselnd mit in den aromatisierten Filterkaffee getauchten Löffelbiskuits und der Mascarponemasse befüllen.
- Mit Mascarponecreme abschließen, mit Kakaopulver bestreuen und 3–4 Stunden im Kühlschrank kaltstellen.

Desserts

Schokoladenmousse auf Himbeersauce

Zutaten

200 g	Schokolade (65 % Kakaoanteil)
30 g	Zucker
200 ml	Sahne (Obers)
4 Tr.	Kaffeeöl
2 Tr.	Kardamomöl

Sauce

80 g	Zucker
250 ml	Weißwein
200 g	Himbeeren (frisch oder TK-Ware)

Chilifäden zum Garnieren

Arbeitszeit: 15 Min. • **Wartezeit:** ca. 45 Min. • **Schwierigkeitsgrad:** leicht

- Schokolade und Zucker in der Sahne bei geringer Temperatur schmelzen lassen. Die ätherischen Öle dazugeben und die Masse in eine Siphon-Flasche füllen. Eine Gaspatrone aufschrauben, schütteln und kalt stellen.
- Für die Himbeersauce den Zucker karamellisieren lassen, mit Weißwein ablöschen und einkochen lassen. Die Himbeeren dazugeben (einige davon zurückbehalten) und aufkochen lassen, dann durch ein Sieb passieren.
- Die zurückbehaltenen Himbeeren als Einlage in die Sauce geben. Die Siphon-Flasche mit der Schokoladenmousse aus dem Kühlschrank nehmen, mit der Himbeersauce anrichten und mit Chilifäden garnieren.

Tipp:
Wer keine Siphon-Flasche hat, lässt die Creme einfach kalt werden, mixt sie mit dem Handrührgerät auf, füllt die Masse in einen Spritzsack und dressiert die Creme auf diese Art.

Desserts

Vanille-Lavendel-Eis auf kalter Beerensuppe

Arbeitszeit: 30 Min. • **Wartezeit:** ca. 4 Std. • **Schwierigkeitsgrad:** leicht

Zutaten

500 ml	Vanilleeis
1–2 Tr.	Lavendelöl

Beerensuppe

300 g	Beeren (Johannisbeeren, Himbeeren, Brombeeren, Heidelbeeren)
2–3 EL	Gelierzucker 1:2
250 ml	roter Traubensaft
2–3	blühende Zweige Zitronenthymian
1/16 l	Grand Manier
250 ml	Sahne (Obers)

Lavendelblüten oder Schokoladestreusel und Eiswaffeln zum Garnieren

- Das Vanilleeis kurz antauen lassen und mit dem Handmixer das ätherische Lavendelöl einrühren, danach wieder in die Tiefkühltruhe stellen und gefrieren lassen.
- Die Beeren waschen, abtropfen lassen, in einen Topf geben und den Gelierzucker untermischen. 15 Minuten auf kleiner Stufe ziehen lassen. Dann den Traubensaft zugießen und einmal aufkochen lassen.
- Nach dem Aufkochen Zitronenthymianzweige beigeben und Beerensuppe abkühlen lassen. Nach dem Abkühlen den Grand Manier zugeben und im Kühlschrank mindestens 4 Stunden kühlen.
- Einen kleinen Schöpfer Beerensuppe in einen Eisbecher füllen, 1–2 Kugeln Vanille-Lavendel-Eis darauf anrichten.
- Mit steif geschlagener Sahne, Lavendelblüten oder Schokostreuseln und Eiswaffeln servieren.

Rosen-Joghurt-Eis

Arbeitszeit: 5 Min. • **Schwierigkeitsgrad:** leicht
Gefrierzeit: 30 Min. (Eismaschine) bzw. 5–6 Std. (Tiefkühltruhe)

Zutaten

500 g	Naturjoghurt
50 ml	Rosensirup
5 Tr.	Rosenöl

- Die Zutaten miteinander verrühren und anschließend in der Eismaschine oder in der Tiefkühltruhe (siehe S. 126) gefrieren lassen.

Tipp:
Dazu schmecken die Ylang-Ylang-Waffeln von S. 130 hervorragend.

Desserts

Panna Cotta mit Tonkabohne-Vanille-Aroma

Arbeitszeit: 30 Min. • **Wartezeit:** 1–2 Std. • **Schwierigkeitsgrad:** leicht

Zutaten

500 ml	Sahne (Obers)
20 g	Vanillezucker
50 g	Kristallzucker
3	Blatt Gelatine
1 Tr.	Vanille-Extrakt in Alkohol (10:90)
2 Tr.	Tonkabohnenöl (oder 4 Tr. Orangenöl)

- Sahne mit dem Zucker aufkochen lassen und bei geringer Hitze ca. 10 Minuten köcheln lassen. Gelatine in kaltem Wasser einweichen, gut ausdrücken und in der warmen Sahne-Zucker-Mischung auflösen.

- Mit Vanille-Extrakt und Tonkabohnenöl (bzw. Orangenöl) aromatisieren. Im Kühlschrank fest werden lassen, danach mit Fruchtmark servieren.

Tipp: Panna Cotta lässt sich sehr gut vorbereiten!

Vanilleeis mit Bergamotte-Aroma auf Erdbeermark

Arbeitszeit: 25 Min. • **Gefrierzeit:** 1–2 Std. • **Schwierigkeitsgrad:** leicht

Zutaten

500 ml	Vanilleeis
2 EL	Orange-Bergamotte-Vanille-Honig (siehe S. 37)
200 g	Erdbeeren
1 EL	Löwenzahn- oder Ahornsirup
250 ml	Sahne (Obers)

Schokoladestreusel und Eiswaffeln zum Garnieren

- Vanilleeis kurz antauen lassen und mit dem Handmixer den Würzhonig einrühren, dann wieder in die Tiefkühltruhe stellen und gefrieren lassen.
- Erdbeeren waschen und abtropfen lassen. Mit dem Pürierstab pürieren und mit dem Löwenzahn- oder Ahornsirup süßen.

- Das aromatisierte Erdbeermark als Saucenspiegel auf einem Dessertteller anrichten, 1–2 Kugeln Vanilleeis darauf setzen und mit steif geschlagener Sahne, Schokoladestreuseln und Eiswaffeln garniert servieren.

Getränke

Die folgenden Rezepte sind meist in größeren Mengen angegeben.

Apfelpunsch

Zutaten

- 1 ½ l Apfelsaft
- 1 ½ l Wasser
- 1 Zimtstange
- 1 Orange (unbehandelt)
- 1 Tr. Ingweröl CO_2-extrahiert
- 1 Tr. Zimtrindenöl CO_2-extrahiert
- 2–3 Tr. Blutorangenöl
- 1–2 EL Honig (oder brauner Zucker)

Arbeitszeit: 15 Min.
Schwierigkeitsgrad: leicht

- In einem Topf Apfelsaft und Wasser langsam erhitzen, dabei die Zimtstange und die in Scheiben geschnittene Orange mitziehen lassen.
- Die ätherischen Öle mit dem Honig bzw. dem Zucker emulgieren und einrühren. Heiß servieren.
- Mit Orangen- oder Zitronenscheiben garniert servieren.

Aromatisierter Tee

Zutaten

- 300 g Schwarztee
- 3 Tr. feeling Fruchtschalenmix kbA
- 1 Tr. Zimtrindenöl CO_2-extrahiert (siehe S. 11)
- 1 Tr. Ingweröl CO_2-extrahiert (siehe S. 11)
- 1 Tr. Kardamomöl (Löffelmethode, siehe S. 21)
- 1 Tr. Kakao-Extrakt

Arbeitszeit: 5 Min.
Wartezeit: 2–3 Wochen
Schwierigkeitsgrad: leicht

- Den getrockneten Schwarztee mit den ätherischen Ölen gut vermischen und in einem dunklen Schraubglas 2–3 Wochen ziehen lassen. Zwischendurch immer wieder schütteln.
- Daraus wie gewohnt Tee zubereiten.

Glühwein

Zutaten

- 1 l guter Rotwein
- ½ l Wasser
- 1 Zimtstange
- 1 Orange (unbehandelt)
- 15 Tr. feeling Gebäck- & Glühweinöl (Mischung aus verschiedenen ätherischen Ölen)
- 4 EL brauner Zucker (gehäuft)

Arbeitszeit: 15 Min.
Schwierigkeitsgrad: leicht

- Den Rotwein und das Wasser in einem Topf mit der Zimtstange langsam erhitzen.
- Die in Scheiben geschnittene Orange dazugeben.
- Das Gebäck- und Glühweinöl mit dem Zucker emulgieren und in den Rotwein einrühren. Heiß servieren.

GETRÄNKE

Fliedersirup

Zutaten

- 2 l Wasser
- 2 kg Zucker
- 3 Zitronenscheiben (unbehandelt)
- 3–4 Rispen blühender, stark duftender Flieder
- 50 g feeling Fruchtsäuremix*
- 1 TL Zucker
- 3 Tr. Grapefruitöl

Alternativ zum Fruchtsäuremix (= Kristallpulver) kann man auch Zitronensäure verwenden.

Arbeitszeit: 45 Min.
Wartezeit: 3–4 Tage
Schwierigkeitsgrad: leicht

- Wasser mit Zucker und Zitronenscheiben aufkochen und erkalten lassen. Die Fliederblüten von den Rispen zupfen und gemeinsam mit dem Fruchtsäuremix in den Sirup geben.
- Zugedeckt an einem kühlen Ort 3–4 Tage ziehen lassen.
- 1 TL Zucker mit Grapefruitöl dazugeben (wirkt konservierend).
- Danach den Sirup abseihen und in saubere Flaschen füllen. Kühl lagern.

Lavendelsirup

Zutaten

- 2 kg Zucker
- 3 l Wasser
- 70 g Lavendelblüten
- 3 Zitronenscheiben (unbehandelt)
- 6 EL Lavendelhydrolat oder 1–2 Tr. Lavendelöl
- 60 g feeling Fruchtsäuremix

Arbeitszeit: 15 Min.
Wartezeit: 5–6 Tage
Schwierigkeitsgrad: leicht

- Zucker und Wasser aufkochen und erkalten lassen.
- Lavendelblüten mit den Zitronenscheiben hinzufügen, das mit dem Fruchtsäuremix emulgierte Lavendelöl bzw. Lavendelhydrolat ebenfalls dazugeben und 5–6 Tage in einem Steinguttopf in einem kühlen Raum ziehen lassen.
- Danach den Sirup abseihen und in Flaschen füllen.

Tipp:
Verdünnt mit Leitungs- und Mineralwasser ergeben alle drei hier beschriebenen Sirup-Arten wunderbare Erfrischungsgetränke, pur eignen sie sich zum Aromatisieren von Eis oder Cocktails mit Frizzante oder Sekt.

Rosensirup

Zutaten

- 300 g Zucker
- 250 ml Wasser
- 1 EL Zitronensaft
- 3 EL Rosenhydrolat oder ½ Tr. Rosenöl (Löffelmethode, siehe S. 21)

Arbeitszeit: 15 Min.
Schwierigkeitsgrad: leicht

- Zucker mit Wasser und Zitronensaft in einem Topf unter ständigem Rühren zum Kochen bringen.
- Auf kleinster Flamme kochen lassen, bis der Sirup den Rücken des Löffels überzieht.
- Vom Herd nehmen, auskühlen lassen und das Rosenblütenhydrolat bzw. das Rosenöl einrühren und in saubere Flaschen füllen.

Tipp:
Im Kühlschrank hält sich der Sirup mehrere Wochen.

GETRÄNKE

Das passende Menü
für fast jeden Anlass

Gäste einzuladen, ein schmackhaftes Menü passend zum Anlass zuzubereiten und dieses dann gemeinsam mit Gästen zu genießen, kann großen Spaß machen. Viele jedoch haben großen Respekt davor, für mehrere Gäste ein mehrgängiges Menü auf den Tisch zu bringen. Manchmal endet ein Versuch aufgrund mangelnder Vorbereitung in einem Desaster.

In diesem Kapitel möchten wir Ihnen mit den richtigen Tipps zur Vorbereitung und Umsetzung den Weg zu einem erfolgreichen Menü-Abend ebnen, an dem Sie ganz entspannt das gemeinsame Essen mit Ihren Gästen genießen können.

Tipps und Tricks

Kochen bedeutet in erster Linie „gute Organisation". Sie können noch so kreativ und geschickt in der Küche sein, wenn Sie einen Menü-Abend nicht ausreichend und früh genug organisieren, werden Sie ins Schleudern kommen.

Zunächst folgende Fragen beachten:
- Wie viele Gäste sollen eingeladen werden?
- Wer sind diese Gäste? Gibt es besondere Vorlieben oder Abneigungen dieser Gäste in Bezug auf Essen (Vegetarier, kein Alkohol, mögen bestimmte Speisen nicht, dürfen bestimmte Zutaten nicht zu sich nehmen, etc.)?
- Unter welchem Motto soll der Abend stattfinden? Das beeinflusst nicht nur die Speisekarte, sondern auch die Dekoration und die Getränkewahl.

Wenn Sie diese Fragen für sich geklärt haben, können Sie anfangen, das Menü zu planen.
Grundsätzlich sollte bei der Erstellung von Menüs darauf geachtet werden, dass sich in der Speisenabfolge folgende Punkte nicht wiederholen:
- Das gleiche Produkt (z. B. Innereien, Fleischart, Geflügel. Fisch darf allerdings öfter vorkommen – jedoch verschiedene Fischarten).
- Die gleiche Zubereitungsart (z. B. gegrillt, gebacken, überbacken, gefüllt, z. B. Lungenstrudelsuppe und Rinderfilet im Strudelteig).
- Dieselbe Farbe (z. B. Tomatensuppe und Spaghetti mit roter Sauce)
- Die gleiche Suppeneinlage und Beilage oder Dessert (z. B. Markklößchensuppe und Kartoffelklöße)

Menübeispiele für verschiedene Anlässe

Die Speisen, die bei den einzelnen Menüvorschlägen angegeben sind, finden Sie im Rezeptteil (S. 48–138). Die jeweilige Seite, auf der Sie das Rezept finden, ist angegeben. Bei jedem Menü finden Sie nützliche Hinweise, notwendige Vorbereitungsschritte und Tipps speziell für dieses Menü.

Allgemein sollten Sie bei der Vorbereitung Folgendes beachten:
- Gäste und Menüabfolge
- Kaufen Sie die Zutaten für das Menü rechtzeitig ein. Nichts ist schlimmer, als am besagten Tag zu merken, dass etwas Wichtiges fehlt und es dann vielleicht nicht mehr zu bekommen.
- Viele Speisen lassen sich vor dem Tag der Einladung vorbereiten und müssen dann nur noch fertiggestellt werden. Das erspart viel Zeit und Stress und ermöglicht Ihnen, das Essen mit Ihren Gästen zu genießen.

Sommerlich leichtes Menü

Carpacchio von Tomaten & Avocados
(S. 50)

Indische Fleischbällchen
mit aromatisierter Sauce
(S. 66)

Zitronen-Knoblauch-Saibling mit
Kräuterbaguette und Blattsalat
(S. 97, 118)

Früchtespieße mit Orangensauce
(S. 127)

TIPPS:
Die Fleischbällchen und die Sauce können schon am Vortrag zubereitet werden. Die saure Sahne muss mit der Würze ziehen. Die Fleischbällchen vor dem Servieren für einige Minuten bei 100 °C in den Backofen stellen und dann anrichten.

Das Kräuterbaguette können Sie schon einige Tage vorher vorbereiten und einfrieren. Vor dem Servieren im Backofen backen.

Das passende Menü für jeden Anlass

Menü für einen romantischen Abend zu zweit

Gemüsespieße mit Rosenmarinade
(S. 60)

Indische Tomatensuppe
(S. 76)

Jakobsmuscheln mit Gemüsestreifen
(S. 96)

Vanilleeis mit Bergamotte-Aroma
auf Erdbeermark
(S. 138)

TIPPS:
Die Gemüsespieße können Sie schon einige Stunden vorher vorbereiten und an einem kühlen Ort lagern. Etwa 30 Minuten vor dem Servieren mit der Marinade würzen. Das Rosenhydrolat erst kurz vor dem Servieren daraufsprühen.

Die Indische Tomatensuppe können Sie bereits am Vortag zubereiten, sie muss dann nur mehr aufgewärmt und mit frischer Pfefferminze angerichtet werden.

Die Gemüsestreifen für die Jakobsmuscheln können Sie schon einige Stunden vorher vorbereiten. Das Gericht selbst wird frisch zubereitet.

Das aromatisierte Vanilleeis und das Erdbeermark können schon am Vortag vorbereitet werden. Sie brauchen es dann nur noch anzurichten.

Partybuffet

Kürbiskraftsüppchen und Kräuterbaguette
(S. 74, 118)

Avocadosalat mit Shrimps und
Limettenöl-Dressing
(S. 48)

Büffet mit diversen Aufstrichen & Salaten zu
verschiedenen Brotsorten
(S. 50–58)

Apfel-Rhabarber-Kuchen
mit aromatisiertem Eischnee
(S. 124)

TIPPS: Die Kürbiskraftsuppe können Sie bereits am Vortag oder einige Stunden vorher vorbereiten. Vor dem Servieren erhitzen, die Crème fraîche mit den ätherischen Ölen einrühren und mit dem Pürierstab aufschäumen.

Der Avocado-Shrimps-Salat sollte mindestens 4 Stunden ziehen. Sie können ihn also auch schon am Vortag vorbereiten. Die Aufstriche sollten ebenfalls über Nacht ziehen. Daher schon am Vortag zubereiten und im Kühlschrank aufbewahren.

Den Rabarberkuchen einige Stunden vor dem Fest backen.

Für wichtige Gäste

Orangierte Datteln im Speckmantel (S. 64)

Rieslingschaumsuppe mit Zimtöl (S. 75)

Rindermedaillons mit Orangen-Pfeffer-Sauce
und Kürbisgnocchi
(S. 87, 108)

Tiramisu mit Kardamomkaffee (S. 132)

TIPPS: Die orangierten Datteln können Sie bereits einige Stunden vorher zubereiten und dann vor dem Servieren nur noch einige Minuten bei ca. 100 °C im Backofen aufwärmen.

Die Rieslingschaumsuppe können Sie bereits am Vortag vorbereiten. Vor dem Servieren erhitzen, die Crème fraîche mit den ätherischen Ölen einrühren und mit dem Pürierstab aufschäumen.

Kürbisgnocchi können Sie auf Vorrat zubereiten und halb gar gekocht einfrieren. Kurz vor dem Servieren in heißem Wasser fertig garen und wie im Rezept beschrieben fertigstellen.

Das Kardamom-Tiramisu sollte eine Nacht durchziehen. Daher können Sie dieses bereits am Vortag zubereiten und im Kühlschrank lagern.

Das passende Menü für jeden Anlass

Zauberhaftes Weihnachtsmenü

**Strudelteigkörbchen
mit Pilzfülle**
(S. 62)

**Blumenkohlsuppe
mit Kokosmilch und Ingweröl**
(S. 79)

**Schweinefilet „Aristo"
mit Polenta-Kaffee-Soufflé**
(S. 84, 118)

**Glühweinbirnen
auf Zimteis**
(S. 126)

*TIPPS:
Die Strudelteigkörbchen können Sie einige Stunden vor dem Anrichten backen. Die Pilzfülle vor dem Servieren in die Körbchen füllen.*

Die Karfiolsuppe können Sie schon am Vortag zubereiten, kühl lagern, vor dem Servieren erwärmen und nach Rezept fertigstellen.

Das Schweinefilet können Sie schon am Vorabend mit den Gewürznelken und dem Knoblauch spicken, würzen und über Nacht im Kühlschrank ziehen lassen.

Das Zimteis und die Glühweinbirnen können Sie schon am Vortag vorbereiten. Die Glühweinbirnen vor dem Servieren nochmals kurz erwärmen.

Das passende Menü für jeden Anlass

Veganes Menü

Blattsalate mit Orangenvinaigrette
(S. 51)

Zucchinicremesuppe mit Lemongrassöl
und gerösteten Pinienkernen
(S. 82)

Wirsingrouladen mit Salzkartoffeln
(S. 106)

Obstsalat mit Sanddornöl
(S. 132)

TIPPS: Die Zucchini-Lemongrass-Suppe können Sie schon am Vortag fertigstellen. Kühl lagern, vor dem Servieren erwärmen und mit gerösteten Pinienkernen (ebenfalls am Vortag geröstet) bestreuen.

Die Wirsingrouladen können Sie schon einige Stunden vorher vorbereiten. Rechtzeitig vor dem Servieren im Backofen nach Rezept fertigstellen. Parallel dazu die Salzkartoffeln kochen.

Den Obstsalat können Sie einige Stunden vorher zubereiten und zugedeckt an einem kühlen Ort ziehen lassen. Geben Sie frischen Zitronensaft dazu, dann werden die Früchte nicht braun.

Vegetarisches Menü

Rucolasalat mit Zitronenvinaigrette
(S. 52)

Karottensuppe mit Limettenöl
(S. 70)

Rosennudeln mit
Rosen-Minze-Pesto
(S. 105)

Vanille-Lavendel-Eis
auf kalter Beerensuppe
(S. 136)

TIPPS:
Die Karottensuppe kann schon am Vortag vorbereitet werden. Kurz vor dem Servieren erhitzen und laut Rezept fertigstellen.

Das Lavendeleis und die kalte Beerensauce können schon am Vortag hergestellt werden und werden bis zum Servieren im Kühlschrank bzw. in der Tiefkühltruhe gelagert.

DAS PASSENDE MENÜ FÜR JEDEN ANLASS

Anhang

Alphabetisches Rezeptverzeichnis

Apfelpunsch	140
Apfel-Rabarber-Kuchen mit aromatisiertem Eischnee	124
Aromatisierter Tee	140
Asia-Garnelen aus dem Wok	102
Asia-Topfen-Aufstrich	54
Avocadosalat mit Shrimps und Limettenöl-Dressing	48
Babykartoffeln mit Minzebutter	122
Bananeneis mit Thymian und gebratenen Bananen	127
Blattsalat mit Orangenvinaigrette	51
Blumenkohlsuppe mit Kokosmilch und Ingweröl	79
Carpaccio von Tomaten und Avocados	50
Couscous-Salat	50
Datteln im Speckmantel, Orangierte	64
Ei-Thai-Aufstrich	58
Fleischbällchen, Indische, mit aromatisierter Sauce	66
Fliedersirup	142
Früchtespieße mit Orangensauce	127
Garnelen in Curry-Lemongrass-Kokosmilch	104
Gemüse, Sommerliches, mit Vanille und Knoblauch	120
Gemüsespieße mit Rosendressing	60
Gewürzauflauf	128
Glühwein	140
Glühweinbirnen auf Zimteis	126
Gurkensuppe mit Koriandersamenöl, Kalte	75
Hähnchen aus der Tajine mit eingelegten Zitronen und Artischockenherzen	90
Hirschfilet, Gebratenes, mit Rotkohl	86
Hühnerfleisch süß-sauer mit Gemüse	110
Hühnerkeulen asiatisch mit Coscous-Salat	88
Hühnerkeulen mediterran	87
Hühnersatays mit Karottenreis Oriental	92
Hummus	58
Jakobsmuscheln mit Gemüsestreifen	96
Karottenreis Oriental	114
Karottensuppe mit Limettenöl und Räucherforelle	70
Kastanien, Glacierte	112
Kräulerbaguette, Warmes	118
Kürbis-Apfel-Suppe	72
Kürbisgnocchi (vegan)	108
Kürbiskraftsüppchen	74
Lachs „Citronnier" mit sommerlichem Gemüse	94
Lachsforellen-Confit	97
Lauch-Apfel-Creme	112
Lavendel-Frischkäse	56
Lavendelsirup	142
Linsenaufstrich, Scharfer	56
Mango-Süppchen mit Lemongrass- und Zimtöl	80
Mozzarellaspieße mit Rohschinken	52
Nudeln mit Zucchini-Rahmsauce	
Obstsalat mit Sanddornöl	132
Ofenkartoffel mit Aroma-Sahne	116
Panna Cotta mit Tonkabohne-Vanille-Aroma	138
Pilz-Frühlingsrolle	62
Polenta-Kaffee-Soufflé	118
Rieslingschaumsuppe mit Zimtöl	75
Rindermedaillons mit Orangen-Pfeffer-Sauce	87
Rosen-Joghurt-Eis	136
Rosennudeln mit Rosen-Minze-Pesto	105
Rosensirup	142
Rosensorbet mit Ylang-Ylang-Waffeln	130
Rotkohl mit Orangen-Aroma	114
Rotkohl mit Rotwein und Glühweingewürz	120
Rucolasalat mit Zitronen-vinegraitte	52
Saiblingsroulade, Gefüllte, mit Paprikasauce	98
Schafkäse Provencale	58
Schokoladenmousse auf Himbeersauce	134
Schweinefilet „Aristo" mit Polenta-Kaffee-Soufflé	84
Spaghetti mit Shrimps-Sauce	65
Strudelteigkörbchen mit Pilzfülle	62
Tiramisu mit Kardomomkaffee	132
Tomaten-Fenchel-Suppe	78
Tomatensuppe, Indische	76
Vanilleeis mit Bergamotte-Aroma auf Erdbeermark	138
Vanille-Lavendel-Eis auf kalter Beerensuppe	136
Welsfilet in Prosecco-Dill-Sauce	100
Wirsingroulden (vegan)	106
Zitronen-Knoblauch-Saibling	97
Zucchinicremesuppe mit Lemongrassöl und Scampispießen	82
Zucchinilaibchen (vegetarisch)	68

LITERATURHINWEISE

Literaturhinweise

Aromatherapie
„Aromatherapie für Pflege- und Heilberufe", E. Zimmermann, 5. Auflage, Sonntag Verlag 2011

„Aromatherapie" – Grundlagen, Wirkprinzipien, Praxis, Dietrich Wabner, Christian Beier, Urban & Fischer Verlag, 1. Auflage 2009

„Aromatherapie", Erich Keller, Ullstein Taschenbuch 2006

„Praxis Aromatherapie", Monika Werner, Ruth von Braunschweig, 2. Auflage, Karl F. Haug Verlag 2009

„Die heilende Energie der ätherischen Öle", Gerti Samel, Barbara Krähmer, südwest, o. J.

Seminar- und Ausbildungsunterlagen zur ärztlich geprüften AromapraktikerIn, aromainfo e. U., Ingrid Karner

Pflanzenöle
„Pflanzenöle" – Qualität, Anwendung und Wirkung, Ruth von Braunschweig, Stadelmann Verlag, 2. Auflage 2008

„Die köstliche Vielfalt der Öle", Sophie Brissaud, Valerie Lhomme, Christian Verlag, o. J.

„Kokosfett" – Ideal für Genuss, Gesundheit und Gewicht, Peter Königs, 3. Auflage, VAK-Verlags GmbH 2009

Koch- und Kräuterbücher
„Aromaküche im Rhythmus der Jahreszeiten", Maria M. Kettenring, AT-Verlag 1997

„Aromaküche – Gesund und phantasievoll kochen mit ätherischen Ölen", Maria M. Kettenring, Joy-Verlag, 3. Auflage 1994

„Aroma-Backidee" – Rezepte zum Backen mit ätherischen Ölen, Heftchen von feeling GmbH, o. J.

„Das Hexenkräuterbuch", – Kochen, Verführen, Verzaubern, Thea, W. Ludwig Buchverlag, 2. Auflage 2002

„Die neue Vollwertküche mit ätherischen Ölen", Michael Kraus, Verlag Simon & Wal 1991

„Dumonts Kleines Krätuer-Lexikon" – Anbau, Küche, Kosmetik, Gesundheit, Andrea Rausch, Brigitte Lotz, Edition Dörfler im Nebel Verlag GmbH, o. J.

„Dumonts Kleines Gewürz-Lexikon" – Herkunft, Geschmack, Verwendung, Rezepte, Anne Iburg, Edition Dörfler im Nebel Verlag GmbH, o. J.

„Desserts, die mein Leben begleiten", Johann Lafer Sonderausgabe der Verlagsgruppe Weltbild, Augsburg (Originalausgabe Bassermann-Verlag 2005)

„Die neue Kürbisküche", Johann Pabst, Kneipp Verlag, o. J.

„Früchte", Ursula Feuerbach, Sigloch Edition, o. J.

„Gaumenfreude – Liebeslust – Naturküche", Ingrid Wolter, Unikum Verlag, o. J.

„Leicht und gesund", Horst Weilbach, Alexander Christ, Sigloch Edition, o. J.

Skripten Sammelwerk aus 10 Jahren „Erste steirische Kochschule" von Willi Haider

Lebensmittel
„E-Nummern" – Auflistung der Zusatzstoffe, Zusammengestellt und kommentiert von DI Helmut Bohacek, Kammer für Arbeiter und Angestellte, 2009

„Lebensmittel heute" – Schwer zu verdauen?, Ak-Infoservice, o. J.

„Xylit" – Das süße Wundermittel, Michael Iaktoudatris, 1. Auflage, Books on Demand GmbH 2011

Nützliche Adressen & Links

AGES – Agentur für Gesundheit und Ernährungssicherheit
1220 Wien, Spargelfeldstraße 191
Tel.: +43 (0)5 0555-0
Fax: +43 (0)5 0555-22019
Internet: www.ages.at

Bundesministerium für Land- und Forstwirtschaft, Umwelt und Wasserwirtschaft (BMLFUW)
DVR (Datenverarbeitungsregister-Nummer): 0000183
Postadresse: Stubenring 1, 1012 Wien, Österreich
Tel.: +43 (0)1/711 00-0
Fax: +43 (0)1/711 00-2140
E-Mail-Adressen:
Kontakt: office@lebensministerium.at
Infomaster: infomaster@lebensministerium.at
Webmaster: webmaster@lfrz.at
Bürgerservice: buergerservice@lebensministerium.at
Internet: http://www.lebensministerium.at

Forum Essenzia e. V.
Aromatherapie, Aromapflege, Aromakultur,
Nesso 8, 87487 Wiggensbach
Tel: +49 (0) 8370 / 32 54 73
Email: info@forum-essenzia.org.

VAGA-Vereinigung für Aromapflege & gewerbliche AromapraktikerInnen
Die VAGA ist die österreichische Berufsgruppen-Vereinigung für gewerbliche Aromapraktiker/innen und Aromapflege-Fachkräfte.
Als unabhängiger und nicht gewinnorientierter Verein setzt sich die VAGA für den flächendeckend verantwortungsbewussten und zielführenden Umgang mit naturreinen ätherischen Pflanzenölen ein. Qualität in der Arbeit mit ätherischen Ölen ist dem Verein ein großes Anliegen. Daher wurde mit der VAGA-Zertifizierung ein Qualitätssiegel etabliert, welches den Kunden garantiert, dass zertifizierte AromapraktikerInnen über eine strengen Richtlinien entsprechende fundierte Ausbildung und über viel Erfahrung verfügen.
Stadionstraße 17/3; A-8750 Judenburg
ZVR-Zahl: 596584080
Tel.: +43 (0) 664 544 14 74, Fax.: +43 (0) 316 681500-15
www.aromapraktiker.eu

Gemüse Saisonkalender
https://www.steirische-spezialitaeten.at/rezepte/saisonkalender/gemuese.html

Obst Saisonkalender
https://www.steirische-spezialitaeten.at/rezepte/saisonkalender/obst.html

Gesetze und rechtliche Grundlagen

Richtlinie 98/98/ EWG i. d. g. F. (Anpassung der Richtlinie 67/548/EWG)

Richtlinie 67/548/EWG i. d. g. F. (Einstufung, Verpackung und Kennzeichnung gefährlicher Stoffe)

BGBL 13/2006 i. d. g. F. (Lebensmittelsicherheits- und Verbraucherschutzgesetz – LMSVG)

BGBL 337/184 i.d.g.F. (Kosmetikverordnung)

Die Autorinnen

Kochen und gutes Essen ist für die Autorinnen ein kreatives Vergnügen. Dieser Kreativität entsprang auch die Idee, ätherische Öle für die Zubereitung von Speisen zu verwenden. So entstand die „Aromaküche": Kochen mit ätherischen Ölen ist gleichzusetzen mit ungeahnten kulinarischen Duft-Erlebnissen und Genuss in höchster Vollendung.

Sabine Hönig

Geboren 1969 in Frankfurt am Main, ist seit 1999 als Unternehmensberaterin, Coach und Trainerin tätig. Die Schwerpunkte ihrer Arbeit liegen im Bereich Persönlichkeitsentwicklung, Stressmanagement und Burn-Out Prävention sowie Gesundheit- und Wellness. In ihrer Arbeit verknüpft sie als Dipl. Aromapraktikerin klassische Beratung, Coaching und Training mit der Aromapraxis. Vor allem zur nachhaltigen Stressbewältigung, Burn-Out-Prävention und der Lösung energetisch-seelischer Blockaden hat sich diese Kombination schon vielfach bewährt. Die ätherischen Öle helfen ihr dabei, eine Brücke zwischen der emotionalen und mentallogischen Ebene ihrer Kundinnen und Kunden zu schlagen. So können mit fast spielerischer Leichtigkeit ungeahnte Ressourcen entdeckt und Lösungen auf völlig neuen Ebenen erarbeitet werden.

Die Liebe zum Kochen und das Genießen wohlschmeckender, duftender Speisen im Kreise der Familie und Freunde wurde Frau Hönig von ihren Eltern mitgegeben. „Bei uns war gutes Essen und der gemeinsame Genuss der Speisen immer wichtig. Wir hatten zu Hause einen großen Gemüsegarten und frische Kräuter und haben bei unserem Nachbar-Bauernhof jedes Jahr ein Schwein mitgefüttert. Schon als Kinder haben meine Schwester und ich mitgeholfen, Obst, Gemüse und Fleisch selbst zu verarbeiten. Dadurch haben wir den Bezug zu unseren LEBENSmitteln nie verloren."

Sabine Hönig ist verheiratet und lebt in Kraubath an der Mur und führt dort mit ihrem Mann im Nebenerwerb auch eine kleine Landwirtschaft mit Alpakazucht.

Mag. Sabine Hönig */Unternehmensberaterin, Coach, Trainerin / Dipl.-Aromapraktikerin*
Tel.: ++43(0)664/1359438 | Web: www.meta-sense.at | E-Mail: sabine.hoenig@meta-sense.at

Ursula Kutschera

Geboren 1957, ist ärztlich geprüfte Aromapraktikerin, geprüfte Kräuterpraktikerin, arbeitete bis 2007 in einer großen österreichischen Bank. Noch während dieser Tätigkeit erwachte ihr Interesse an ätherischen Ölen und deren Wirkung auf den Menschen. Somit war der Weg zur Ausbildung als ärztlich geprüfte Aromapraktikerin vorgegeben. Ihre Tätigkeiten in diesem Bereich umfassen Aromaberatungen, Körperarbeiten mit ätherischen Ölen, Raumbeduftungskonzepte sowie Vorträge und Workshops zum Thema ätherische Öle und natürlich Kochen mit ätherischen Ölen.

Naturheilkunde, Kräuter und deren Wirkungen begleiteten Ursula Kutschera von Kindheit an. Ihre Großmutter väterlicherseits weckte ihr Interesse an Kräutern und altem Wissen um diese. Seit Jahren verwendet die begeisterte Köchin ätherische Öle beim Zubereiten von Speisen und kreiert neue Rezepte. Auch ihre Tochter, die ihre Leidenschaft fürs Kochen mit ihr teilt, findet den Einsatz von ätherischen Ölen genial, vor allem wenn frische Gewürze nicht greifbar sind. Ihr Wissen rund um die Aromaküche gibt Ursula Kutschera in Kochkursen zum Thema Kochen mit ätherischen Ölen weiter.

Ursula Kutschera ist verheiratet, hat zwei erwachsene Kinder und lebt in Graz.

Ursula Kutschera *| Dipl.-Aromapraktikerin | Geprüfte Kräuterpraktikerin*
Tel.: ++43(0)664/9204587 /Web: www.aroma-garten.at | E-Mail: ursula.kutschera@aon.at

KAS ALM

ROHMILCHKÄSE
EDLE WEINE

KAISER-JOSEF PLATZ, GRAZ Stand 14, Montag bis Samstag 7-13 Uhr
MARIAGRÜNER BAUERNMARKT Freitag 14-17:30 Uhr
BAUERNMARKT BRUCK A.D. MUR Samstag 7-12 Uhr
BAUERNMARKT LEOBEN Dienstag und Freitag 7-12 Uhr
BAUERNMARKT MÜRZZUSCHLAG Samstag 7:30-11:30 Uhr
WOCHENMARKT KINDBERG Mittwoch 7-12 Uhr

komm auf die KAS ALM!

www.kasalm.at • office@kasalm.at • T.+43 688 - 813 4 811

SCHMECKEN SIE DAS LEBEN.
GENIESSEN SIE DAS LEBEN.
ERLEBEN SIE VULCANO.

WWW.VULCANO.AT

VULCANO Schinkenmanufaktur
Auersbach/Eggreith 26 | 8330 Feldbach | Tel.: +43 3114 2151

Montag bis Freitag von 8.00 bis 17.30 Uhr, Samstag von 9.00 bis 17.00 Uhr
Führungen täglich auf Anfrage möglich
Besuchen Sie unseren onlineshop www.vulcanothek.at

"VOM URSPRUNG ZUM GENUSS!"

Forellenzucht Igler
Ursprungblick 5, 8046 Graz-Stattegg
Tel. 0316/69 11 49

Mittwoch – Freitag
7 30 bis 12 00
13 30 bis 17 00
Samstag
8 00 bis 11 00

www.iglerforellen.at

AUS UNSEREM PROGRAMM

Elisabeth Maria Mayer
Mit der Kräuterfee durchs Jahr
ISBN 978-3-7020-1610-4

Leopold Stocker Verlag · www.stocker-verlag.com

IHRE EIGENE EDITION – FELBER SCHOKOLADEN MIT IHREM LOGO

Felber Schokoladen kommen immer gut an, ob als Give-away, Weihnachtsgruß, Visitenkarten auf Messen, Betthupferl, Willkommensgeschenk oder als kleine Aufmerksamkeit für Zwischendurch, **um Ihren Kunden einfach einmal „DANKE" zu sagen**.

Bei Felber Schokoladen bekommen Sie beste Schokoladen in höchster Qualität! Durch kleine Chargen ist es uns möglich, Schokoladen bereits ab 50 Stück anzubieten! Somit brauchen Sie kein großes Lager und erhalten unsere Schokoladen immer frisch!

Mehr Information zu Ihrer LOGO Schokolade erhalten Sie unter 03174/4546 oder 0664/5489674 Frau Julia Felber oder auf unserer Homepage **www.felber-schokoladen.at**
E-Mail: office@felber-schokoladen.at

Das Beste aus der Natur für Ihr Wohlbefinden.
100% naturreine ätherische Öle
fette Pflanzenöle I Hydrolate I Salze
für Aromaküche I Raumbeduftung I Körperpflege

Gerne schicken wir Ihnen kostenlos unseren Produktkatalog zu!

feeling Zauber der Düfte

feeling Handelsges.m.b.H. I Walgaustraße 22 I A-6824 Schlins
Tel.: +43 (0)5524 22399 I Fax: +43 (0)5524 223998 I Email: feeling@feeling.at
www.feeling.at

KHOYSAN
Meersalz
VON HAND GEERNTET
VOLLKOMMEN NATURBELASSEN
UNJODIERT

Schmeckt gut. Tut gut.

Lesenswertes
mit Geschmack

PHILIPP HAIGES
ABNEHMEN MIT GENUSS!
DIE HAIGES METHODE

ISBN
978-3-7020-1292-2

180 Seiten,
50 Farbabb.,
119 Rezepte, Hc.

ELISABETH MARIA MAYER
WILDFRÜCHTE -GEMÜSE -KRÄUTER

ISBN
978-3-7020-1659-3

Erkennen – Sammeln
und Genießen
215 Seiten, Hc.

Erhältlich im Buchhandel und auf
www.buecherquelle.at

MUSTER.&KRAINZ
jeruzalem

MUSTER.gamlitz

**Extravagant.
Familiär. Innovativ.**

Hinter der Marke MUSTER.gamlitz stehen Menschen aus drei Generationen, die mit Verantwortung Herz und Leidenschaft bei der Arbeit sind.

Grubtal 14, 8462 Gamlitz, T: +43(0) 3453 2300, F: DW-4
E: weingut@muster-gamlitz.at, H: www.muster-gamlitz.at

KRAINZ Weingut KRAINZ
www.luttenberger.eu

Terroir • Reife • Zeit = Nachhaltigkeit

könnte als Credo über dem Familienweingut KRAINZ in der Weinbauregion Jeruzalem/Ljutomer stehen, das der Wiener Arzt Dr. Peter Weigl aus den ursprünglichen Besitzungen seines Urgroßonkel übernahm.

Das KRAINZ-Team: Dr. Peter Weigl, +43 676 3027905
Herbert Kutschera, +43 664 5127507, E: wein@luttenberger.eu

Jeruzo 2010
Die Weinbauregion Jeruzalem im Nordosten Sloweniens steht für strukturierte und herzhafte Weine. „Jeruzo" ist das Resultat einer grenzüberschreitenden Weinfreundschaft. Der Gastwinzer Reinhard Muster vinifiziert am Weingut Krainz von Dr. Peter Weigl diese Cuvée aus den regionaltypischen Rebsorten Sauvignon Blanc, Sipon und Traminer.